系列丛书

乔忠延　著

立体史记

LITI

SHIJI

山西出版传媒集团

山西人民出版社

Preface 总　序

　　习近平总书记在云冈石窟考察调研时指出，要让旅游成为人们感悟中华文化、增强文化自信的过程。整个山西，就是一座可触摸、可亲近、可对话的"中华文明博物馆"。山西形似一片绿叶，在这里，抓一把泥土就能攥出文明，踩一个脚印就能看到历史，厚重文化是它的亮彩底色，青山碧水是它的盎然生机。

　　走进这片树叶，历史记忆呼之欲出。山西有西侯度、匼河、丁村等遗址，是远古人类发展的典型印记；山西有陶寺遗址，是地中之都、中土之国，这里最早叫中国；山西有最早的水井，依水而居、背井离乡，这里是华夏最早的故土……2800多年前，平遥始建，旧称"古陶"，终成中国古代城市在明清时期的杰出范例。近2000年来，五台山历经沧桑、兴废有继、珠联璧合地将自然地貌和文化形态融为一体，成为中国四大佛教名山之首、中国文化景观与思想内蕴相结合的典型代表。1500多年前，"丝绸之路"东端的古都平城开凿云冈石窟，是为中国石窟艺术的经典杰作、中外文化融合转化的历史丰碑。

走进这片树叶，文化传承跃然其上。山西有洪洞大槐树，寄托着无数华夏儿女的乡愁；山西有晋商故里，万里茶道的驼铃在欧亚大陆回响；山西有抗战根据地，是中国抗战敌后战场的战略支点；山西有红色基因，孕育了伟大的太行精神、吕梁精神，赓续传扬。

走进这片树叶，表里山河雄伟壮阔。奔腾不息的黄河是它的涓涓血脉，逶迤绵延的长城是它的铮铮铁骨，巍峨耸立的太行是它的不屈脊梁。在悠长的自然变迁中，三晋大地造就了壶口瀑布、乾坤湾、老牛湾、王莽岭、八泉峡等奇观胜景，孕育了"地肥水美五谷香"的绿色生态。《人说山西好风光》处处传唱。

山西，是一片蕴藏着故事与力量的土地，承载着千年华夏的荣光，守护着中华文明的源头，如同一部文明演进与社会变迁的活态教科书，生动地呈现着传统与现代的交融之美。山西之美，美在遍地镌刻的历史印记，一眼千年。山西之美，美在三晋儿女的奋然前行，一腔热忱。山西之美，美在表里山河的秀美壮阔，一游难忘。

五千年文明看山西！来山西就是在历史中遨游，在山河中行走，就是在读一本家国的大书，行一场人生的壮游！

山西省委、省政府全方位推动高质量发展，推进文旅融合，作出"两个转型，文旅先行"的重要部署。山西的文旅产业已步入高质量发展快车道，三晋大地正成为海内外游客宜游宜养的度假胜地和广大投资者的兴业热土。为忠实践行习近平总书记在山西考察调研时的重要指示精神，在大力实施文化强省战略上迈出新步伐，加快推动文旅融合高质量发展，山西省文化和旅游厅与山西省作家协会组织编写了"走读山西"系列丛书，分册内容涵盖山西的历史文化、戏曲民歌、壁画雕塑、古建戏台、红色文化等多个领域。丛书图文并茂、深入浅出，具有很强的趣味性和知识性，是山西文化旅游优质资源的资料库，是山西文化旅游产业发展优势的展示台，也是山西推进文化自信自强，向世界讲好山西故事的金色名片。

习近平总书记在党的二十大报告中指出，要讲好中国故事，传播好中国声音，展现可信、可爱、可敬的中国形象，推动中华文化更好地走向世界。相信这套丛书能够为省内外、海内外人士提供方便，让更多的人走进山西、了解山西、爱上山西。

是为序。

目录

夯筑台基

架构主体

脊檐封顶

夯筑台基

　　大凡古代土木建筑均以三大部分构成：台基、主体与脊檐。写作一本关于山西古代建筑的图书，虽然不是架构建屋，但是在体例结构上不妨尽量贴近。万丈高楼平地起，建筑从挖土夯实基础开始，写书从前言、概论落笔，不妨效仿盖厦造屋，将前言、概论换言为夯筑台基。

中国古代建筑的宝库

山西省北起大同，南至运城，是一个贯通地上地下的文物走廊，是一个没有围墙的历史文化博物馆。早有学者专家评价，山西是"中国古代建筑的宝库"。古代建筑，虽然不是文物的全貌，可是窥斑知豹，仅仅这座宝库的丰赡富繁，便可以一览山西，乃至全国的悠久历史、灿烂文化、辉煌文明。

并非笑谈中

山西是"中国古代建筑的宝库"，这一定论恰如其分，毫不虚饰。只是如此观赏和品评那些历经风雨沧桑的古代建筑，未免太沉重，太枯燥。存世百年、千年，甚至数千年的古老木石宏构，本来厚重得已经天然去粉饰了，再如此凝重地游学，岂不有些枯燥，有些乏味？那就请出两位古人来做铺垫诠释。

我本来想先请山西老乡柳宗元登场，可似乎看到桀骜不驯的谢灵运已经酒兴恣肆，口出狂言。他在评价天下诗文时，得意扬扬地说：

"天下才有一石，子建独占八斗，吾占一斗，天下才共分一斗。"这是夸口，如果说天下才华有一石的话，那曹子建，即曹植独占八斗，他谢灵运拥有一斗，剩余的一斗才能由天下众多的文人学士共同分享。听听这口气，就知道谢灵运骄纵到不知天高的地步。所幸，他还没有自诩才高八斗，而是把这顶炫目的桂冠赐给了曹植。曹植确实才华超群，国人耳熟能详的"相煎何太急"就出自他闻名于世的《七步诗》。可是，若说他"独占八斗"天下才华，那还是需要打个问号。当然，在此钩沉出这段典故，不是要和古人较真，不是要给自己增加一份比鉴学识的厚重，而是要借助才高八斗来喻指山西古代建筑的繁多。多到何种程度？如果说，中国古代建筑是一石，那山西就独占八斗。如果说，谢灵运论才华不无夸大吹嘘之嫌，那山西古代建筑独占八斗却是名副其实，绝无水分。

退一步说，即使不借助独占八斗来评价山西古代建筑在全国一家独大的态势，也可用三国鼎立时的状况作比。三国鼎立，自然各国都可以标榜三分天下有其一。改革开放之初，我们形容雨后春笋般兴起的乡镇企业，化用的是三分天下有其二。如今，将三分天下有其二这话拿来我用，冠之于山西古代建筑则恰如其分。何以见得？

山西乃至全国文物界名声显赫的古建筑专家柴泽俊曾写过《山西古建筑概述》一文，刊登在1982年第1期《山西文物》上，文中写道："山西已经发现宋代以前（13世纪以前）的木构建筑106座，其中唐代的4座，五代的3座，宋、辽、金时期的99座。它们占全国同时期木构建筑的70%以上。"真是三分天下有其二吧！是这样，数据最有说服力。这还是40年前的数据，后来陆续有藏在深闺人不知的文物不经意间亮相国人面前，为国保阵营增威，为山西古建添彩。

2007年4月至2011年12月，历时近5年，全国开展了第三次文物普查。普查得知，山西共登记不可移动文物53875处，其中古建筑就有28027处，超过半数以上，数量位居全国之首，再一次让国人对山西刮目相看。这个以表里山河著称的省份，不仅煤藏量丰富得令人艳羡，在新中国成立后的几十年间，用地下开采出的乌金支撑了共和国的发展，而且丰富的文物宝藏、精美的古代建筑，同样令人无比艳羡，由衷赞赏。山西古建筑博物馆，于2020年4月13日在太原纯阳宫挂牌成立。其时，山西省古建筑与彩塑壁画保护研究院院长任毅敏在讲话中指出："山西古建筑数量众多、时代连续、品类齐全，元以前早期建筑占全国总数80%以上，丰富的地上文物构成了中国古建筑史上独一无二的标本体系。"再看看这数字，"元以前早期建筑占全国总数80%以上"，看来前面借谢灵运"独占八斗"评价山西古代建筑的说法并非戏言，更非妄言。

门类何其多

现在该请柳宗元出场了。请出他不只因为他是山西老乡、一代文学宗师，还因为他写过一篇《晋问》。在我看来，何止是唐朝，即便当代客观公正地认识山西，《晋问》都代表着一览众山小的精神文化高度。你看，柳宗元来了，还将好友吴武陵也带来了。二人盘膝而坐，品茗谈论，留下了一段不朽佳话。吴子开口问柳宗元，公是晋人，一定知道晋地的古今物事。柳宗元回答知道。吴子颔首，乐意听他细细叙说。于是，柳宗元娓娓道来，如数家珍。他一开口就夸晋地表里山河，丰厚险固。没有打动吴子。柳宗元换个角度夸赞，晋之金铁，晋之稀缺宝贵的建筑材料，晋之河鱼，晋之盐宝，以及晋文公称霸天下，而且以"推德义，立信让；示必行，明所向；达禁止，一好尚"给予高度评价。吴子却认为仅有点接近。

初读至此，曾为柳宗元犯忧，唯恐无言以对，低矮晋地盛名。一读再读，方知柳宗元何等精明，胸藏瑰宝，掩而不露，像后世说相声那般，故意引而不发，设一个包袱，再设一个包袱，不抖则罢，一抖便有惊人的效果。抖包袱的时刻终于到了，他高声言道："三河，古帝王之更都焉，而平阳，尧之所理也。有茅茨、采椽、土型之度，故其人至于今俭啬；有温恭、克让之德，故其人至于今善让；有师锡、佥曰、畴咨之道，故其人至于今好谋而深；有百兽率舞、凤凰来仪、于变时雍之美，故其人至于今和而不怒；有昌言、儆戒之训，故其人至于今忧思而畏祸；有无为、不言、垂衣裳之化，故其人至于今恬以愉。此尧之遗风也。愿以闻于子何如？"

尧之遗风也，何如？还能何如，被柳宗元点燃激情的吴子，哪里还坐得住，"离席而立，拱而言曰：'美矣善矣！'"。

美矣善矣，人杰地灵，这就是历史文化的魅力。这魅力确实非同凡响，可是为何柳宗元不夸赞山西琳琅满目的古建筑呢？简而言之，是许许多多的古建筑要到唐朝，或唐朝之后才在表里山河上逐一登场亮相，他怎么能预知，怎么会炫耀？不过，柳宗元所说的"尧之遗风"，就是滋养这方水土的文化营养、精神食粮。当然，其中也不乏建筑的基因，"有茅茨、采椽、土型之度"，这正是先民隐藏在典籍里的建筑元素。

柳宗元说不清楚的身后事，自有后人评说。以柴泽俊为代表的一代代古建筑专家和众多文物工作者，不懈探索发现，让山西古建筑以骄人的面目呈现在世人面前。山西古代建筑，数量繁星密布，品类繁花似锦，遍布三晋大地。古代民居、祠堂、城池、寺庙、宫观、石窟、古塔、陵墓、古桥、戏台、长城、关隘等等，多不胜数，还有依附于这些主体的石刻、雕塑、壁画、琉璃等等，更是锦上添花，让山西古建筑具有了回眸一笑百媚生的醉人风采。

上面所说的古建门类，是以体式及功用划分，倘若是以建筑材质划分，无外木材与石材两类。仅就木构建筑来看，如果全国举办一次古代建筑会展大赛，那山西会屡屡登上冠军的领奖台，而且还会在金牌榜遥遥领先，稳居第一。看看这令人咋舌的数字，山西现存木结构古建筑多达90053处。为何专意要列举木构建筑？实在是因为木构建筑与石质建筑相比，更为弥足珍贵。众所周知，木材遭雨浸，遭风蚀，容易腐化霉变。何况，在历次改朝换代的争斗中，总有项羽一类的草莽豪杰，冲着建筑向倾倒的皇帝撒气，一把火点燃了往日的宫殿。时光的损毁和人为的焚毁，让木构建筑的生存险象环生，历经风雨而存世的，就像一位长寿老人，即便当初平庸普通，可由于他见证了上百年、上千年的兴衰，便引人顶礼膜拜。

在山西木构建筑当中，辽、金以前弥足珍贵的建筑就有106座，占全国同期木结构建筑的70%以上。又是一个70%以上，真是全国翘楚呀！最令世人瞩目的是，在华夏大地要寻找唐代的木构建筑几乎如大海捞针。其他省、市、自治区早已荡然无存，唯有山西境内怀抱4座，分别是五台山南禅寺大殿、佛光寺大殿，芮城县广仁王庙正殿和平顺县天台庵正殿。

大河奔流，岁月匆匆，五代十国短暂的历史像是浮光掠影，山西居然存留着后唐、后晋、北汉3个朝代的木构建筑，而且并非一座，屈指可以数出3座：平遥县镇国寺万佛殿，以及平顺县龙门寺西配殿和大云院弥陀殿。

时光再向前移，山西古代木构建筑就要用成百上千来形容。成百是在宋、辽、金时期，100余座木构建筑熠熠生辉。太原晋祠的圣母殿，展示着宋代风采；大同华严寺的薄伽教藏殿与大雄宝殿、善化寺的大雄宝殿，显示着辽代雄姿；五台山佛光寺的文殊殿，让金代用减柱法构成的"人"字桄屋架大放异彩。

上千则是元、明、清时期的木构建筑。不仅上千，而且近万，多达8917处，简直如春花怒放，迷眼醉心。元代早已远去，芮城县永乐宫却保留着时代胜迹。至于明、清时期的木构建筑，更是自北向南全覆盖。北有北岳恒山的悬空寺，依山而建，木柱支撑，势若凌空，恰如民谣所唱："悬空寺，半天高，三根马尾空中吊。"何等惊险，何等奇特。南有运城解州的关帝庙，大门巍峨，院落宽阔，端门、午门接连二进，崇宁殿落卧正中，前后左右仅楼阁就有4座，刀楼、印楼、御书楼和春秋楼并峙称雄。当然，明清时期木构建筑最多最精的还要数佛教圣地五台山，显通寺、塔院寺、菩萨顶……站在此山望那山，山山有寺，寺寺有殿，不是明代，就是清代，哪一座都携带着岁月风云、世事沧桑。

琳琅满目，应有尽有，似乎山西就是一座古代建筑的博物馆、大观园。从北往南，或者从南往北走上一趟，就领略了华夏神州古代建筑的最佳风采。

只取一瓢饮

门类广、花色多、品位高，这样评价山西古代建筑丝毫没有一点虚饰成分。如上叙说了很多，其实才是对木构建筑的画龙点睛。点睛之笔，对于画龙十分重要，这个成语的初生是讲，梁代张僧繇在金陵安乐寺壁上画了4条龙，没有一条点眼睛。别人责问，他说不敢点，点上会飞走。别人强要他点，结果点了两条飞了两条。

点睛很重要，所以上面才选点睛之笔，可是缺少龙身，莫说腾飞，连龙形也不像呀！那就把龙身展示一下吧，细加梳理，可以罗列出13个方面：一是宫廷府第建筑，有皇宫，有衙署，有殿堂，还有住室等等；二是防御建筑，有城墙，有村堡，有关隘，有城楼，有长城，还有烽火台等等；三是纪念点缀性建筑，有钟楼，有鼓楼，有街楼，有牌坊，有影壁，还有华表等等；四是陵墓建筑，有石阙，有石坊，有石雕，有崖墓，有墓冢，有祭台，还有碑亭等等；五是园囿建筑，有御园，有宫苑，有花园，还有别墅等等；六是祭祀性建筑，有文庙，有武庙，有祠宇，有天坛，有地坛，有观星台，还有天文台等等；七是桥梁及水利建筑，有石桥，有木桥，有堤坝，有渠道，有池沼，有港口，有码头，还有渡口等等；八是民居，有石窟，有穴居，有茅屋，有草庵，有窑洞，有民宅，还有院落等等；九是文化娱乐设施，有乐楼，有舞楼，有舞亭，有露台，还有戏台等等；十是宗教场所，有寺，有庵，有堂，有庙，还有观等等；十一是社交场所，有公寓，有会馆，还有驿站等等；十二是商业场所，有商号，有票号，有当铺，还有药铺等等；十三是生产厂房，有作坊，有磨坊，有碾坊，有粮仓，还有厩库等等。

以上是古代建筑的主要类别，还可细分，比如依附于不同主体的壁画、塑像、石碑、供品等等。在名目众多的古代建筑当中，山西除了没有像北京、沈阳那样的明清皇宫，真还找不出哪个大类是缺门。写一部关于山西古代建筑的图书，面对如此争奇斗艳迷人眼的繁花，到底该如何采撷？

弱水三千，只取一瓢饮。

以小见大，可是取哪一瓢为好？

梁思成的行迹可以开化我们的头脑。翻阅他的履历，曾在1933年、1934年、1936年3次来到山西考察古代建筑。1937年夏天，日军发动大规模侵华战争，形势严酷，梁思成、林徽因夫妇不顾个人安危，又一次来山西探寻他们渴望已久的古代建筑。功夫不负有心人，他们终于在五台山发现了唐代建筑——佛光寺。祖国大地，幅员辽阔，为何梁思成连年风尘仆仆奔赴山西？京津冀近在咫尺，梁思成为何舍近求远？

近些年，我观鉴了不少古代建筑。每至一处，面对那古老、斑驳，设置不乏拙朴的形体，就像与饱经风霜的历史老人对话。大音希声，我似乎感受到了他们的心跳、他们的节律。即使没有巍然的塑像，我都想下跪叩拜。这一处处古代建筑，呼吸的是时光，蓄纳的是历史，凝结的是技艺，展示的是文化。无一不是岁月的刻痕，无一不是立体的史记。那就打开这部立体史记，选择最能展现上下五千年历史变迁、富含文化哲思的古代建筑进行观鉴。淘洗筛选，将在本书中崭露头角的类别有居所、祠堂、长城、关隘、楼阁、佛寺、石窟、古塔、庙宇。

是啊，居所装满了世事兴衰，长城凝结着烽火狼烟，楼阁展示着时光轮回，佛寺缭绕着岁月香火，石窟雕刻着朝代踪迹……每一处都是酿造了很久的陈年老酒，都是奉献给当代人的精神文化大餐。

架构主体

    主体，顾名思义，即一座建筑的主体部分，包括墙体、立柱、梁架、门窗等等。本书的主体部分将展示山西古代建筑，也就是展示中国古代建筑的宝库。宝库的藏宝量丰赡富繁，主体内容远望大气磅礴，近赏繁花似锦，这里将一一观瞻。

居所

"人说山西好风光，地肥水美五谷香，左手一指太行山，右手一指是吕梁……你看那汾河的水呀，哗啦啦啦流过我的小村旁。"

从管涔山脚下涌出地面的汾河水，不舍昼夜，分秒流淌，由涓涓潺潺，流成滔滔汩汩，滋润出两岸星光密集的小村庄。小村庄装满了民居，民居庞大了就是大院。

山西好风光，山西多大院。乔家大院、王家大院、渠家大院、李家大院、丁村大院、常家庄园，还有师家沟和皇城相府。别看一数大院，糖葫芦穿出一大串，就这还是挂一漏万。看看，把碛口漏掉了吧，把良户漏掉了吧?

不是漏掉了，而是大院多得实在数不清。有人说，山西的大院多如牛毛，这固然有些夸大，却也不是毫无依据的瞎吹。如此之多，数都数不清，如何说得清，写得清。那就只能挂一漏万地写了。

丁村民居

尧堂高三尺

　　襄汾县丁村，或许是离我住的地方最近，或许是离汾河最近，我最早走进的就是丁村大院。丁村大院像是一片密林，林林总总，高高低低，陈展出一个村子。游人至此好不稀奇，好不着迷。似乎不只是游人稀奇和着迷，汾河也稀奇和着迷，不愿匆匆流淌，在村西没有看够大院的形貌，赶紧朝东一拐，继续打量大院的倩影。看够了才弯侧身姿恋恋不舍离去。这一拐一弯，就让丁村名声远扬，汾河流到哪里，丁村名扬哪里。不只扬名于汾河流域，还有汾河归入的黄河流域，还有黄河归入的大海。海水变成蒸汽，变成霖雨，所泽润的地方都会知道丁村这个名字。

　　置身丁村这密林般的大院，豁然顿悟曾经百思不得其解的问题。

丁村为何会有如此密集、如此茁壮的大院？答案还在丁村。丁村大院属于全国重点文物保护单位，这不罕见，罕见的是这些大院就建造在全国重点文物保护单位上。此话怎讲？丁村一个村落就有两个国保单位，另一个是丁村遗址。丁村遗址名气大得胜过丁村大院，遗址属于旧石器时代中期。这里不仅出土过先祖的牙齿和头盖骨，还出土过他们用过的石斧、石刀、石球，以及石头研磨器和骨针。这里的古人被命名为"丁村人"。如果仅这么介绍，那就掩盖了丁村人的光泽。不是我要掩盖，而是众多的考古发现使之不再像刚出土时那样光彩照人。

丁村人在汾河湾里亮相的时候，世人无不注目称奇，国人无不扬眉吐气。20世纪中期，国际上曾经风靡着一种"中国人种西来说"的论调。西方有人大言不惭地说，中国人断代了，现在的人是从西方迁徙过来的。原因是从北京猿人到山顶洞人，漫长的几十万年当中华夏大地没有相关古人类的考古发现。到了1950年前后，这股风潮更是甚嚣尘上，弄得国人有口难辩。就在此时，准确地说是1954年，丁村人悄然露面，他们的活动时间为距今12万~10万年。

丁村大院就建造在这方令国人扬眉吐气的土地上，似为偶然，冥冥中却潜藏着必然。别看密林般的丁村大院建造在丁村遗址上，其间却相隔着数万年的光阴。探究先民的安居意识，捕捉先民建造居所的最早痕迹，我想到的是尧堂高三尺。这话出自《墨子》，原句是"尧堂，高三尺，土阶三等"。这是讲建造，是典籍里最早出现的建造。

我自然不会如此聪慧，熟知中国古代建筑的发轫。隔空远眺，我看到了四川省南溪县长江边上的李庄。李庄的油灯下有人伏案写作，笔尖触过纸面，这是《中国建筑史》的开端，伏案写作的是梁思成，时在抗战时期。

我真不知道，为何梁思成要把中国古代建筑的源头锁定在帝尧时期。生活在尧都的我却知道，作为最早中国的发祥地，这里可以找到无数个中华文化的源起与开端，历法、诗歌、庠学、华表等，当然建筑也是一例。真佩服梁思成果敢，丝毫没有受"中国人种西来说"的影响，丝毫没有受疑古派的影响。他用坚定的文化信念，写下了这行字：尧堂高三尺。

梁思成的笔墨与不远处拍岸的长江浪涛融为一体，写出国人的信念、国人的不屈，穿越时光，照亮未来。未来就踏着他的节奏来了，距离丁村不到10公里的陶寺遗址，在发现宫城遗址后，又发现了宫殿遗址，典籍里的"尧堂高三尺"不再虚无，成为真实的史实。而且，那宫殿的地面做过美饰，用火焰烧烤过，用白灰涂抹过。2021年，这一考古成果欣喜地向世人宣告，山西多大院不是无源之水，是最早中国初始时，就有了像模像样的居所和宫室。

当然，像丁村遗址填补北京猿人与山顶洞人之间的空白那般，从10万年前的丁村遗址，到4000多年前的陶寺遗址并非无懈可击。这可击的缝隙，也是古代建筑需要填充的空白。回首一想，聪明的华夏先祖，早就对洪荒年代的空旷留白做过填充。神话女娲补天就是填充的答案。女娲补天，自然发生在女娲造人之后。水神共工与火神祝融大战，缠斗的结果是，共工不敌祝融，败下阵来。失败的共工恼羞成怒，头触不周山。不周山是支撑天地的巨柱，巨柱崩塌，天倾西北，地陷东南，天河水滔滔不绝淹灌人间。哪能让抟土所造的子孙遭此不测，女娲挺身而出，炼石补天，堵塞决口，还子孙能够平安度日的家园。

女娲补天，倘要是青天溃塌，如何能够堵得住，补得上。破译这个神话的密码，是另一个神话——洞房花烛夜。神话讲，帝尧访贤路上遇到鹿仙女，二人一见钟情，在姑射山成亲，留下了洞房花烛夜的美好姻缘。至今，无论是住平房，还是住楼房的新人，最美好的企盼就是洞房花烛夜。试想那时，帝尧与鹿仙女成亲为何要在洞房？不就是借助山洞栖身吗？花烛当然也不会有，是对面的山头叫作"蜡烛峰"，传说那夜蜡烛峰放射红光，照亮了山洞。就是这个山洞泄露了女娲补天的秘密，倘要是山洞塌陷一块不就是透天吗？透天的山洞进风也进雨，无法安居，原来女娲是封堵了那塌缺的窟窿。破译这则神话，不是我们的目的，然而我们却可以明白，最早的先祖是没有住所的，山壑间的自然洞穴就是安居的场所。

何止是洞穴，找不到洞穴，突兀翘出的山崖下面也可以躲避风雨。在距离襄汾县丁村不远的吉县，有个柿子滩遗址，先民曾在这里的石崖下栖身，明显的遗迹是那些用过火的灰坑。这是距今一万年前后，时光演进到距今7000年前，丁村南边的浍河岸上出现了枣园人。

他们不再在天然的石崖下生存，开始用自己的双手建造起遮风挡雨的住所。翼城县枣园遗址里的这些住所，被考古学家称为半地穴窝棚式房屋。从崖下、洞穴，到半地穴窝棚式房屋，再到陶寺遗址的居所、宫殿，无不在诠释一个成语——安居乐业。安居才能乐业，我们的先祖就是在追求安居乐业中，一步一步升华着自身，壮大着自身。

如果要追求完美，我们还可以看到一个身影。此人被称作"巢父"，他牵着牛来到颍水边，正碰见洗耳的许由。许由洗耳缘于帝尧让位给他，他嫌帝尧的话污染了自己的耳朵。巢父听了许由的话，责备他沽名钓誉，若是躲避在更远的深山，帝尧哪能找见他。巢父怕他洗耳的河水污染了牛犊的身心，牵着牛犊回身向上游走去。蔓生出这个情节，别无他意，是那位巢父明确提示世人，先祖曾经为躲避猛兽危害，以树为家，像喜鹊那般筑巢而居。喜鹊，曾经是先祖安居乐业的导师。

应该说以汾河为轴心，两岸或近或远的遗址，就像是陈列在大地上的居所沙盘，一步一步地推进，似乎就是引领我们走进丁村，仔细观鉴这座国保级的古代村落。

丁村大写意

丁村民居兴建于元代末年，如今看到的院落多是明朝万历年间至清朝的大量房屋家宅。这些家宅是可以和乔家大院、渠家大院、王家大院相媲美的大院，还不是单一的大院，一座一座既分散坐落，又有序排列的四合院，形成了一个大院族群、一个大院村落。这样布满整个村落的大院，不只在北方，在全国也极为罕见。

观览丁村最好的角度莫过于俯瞰，站在村东的土崖上探头远望，环绕的围墙里众多的四合院，鳞次栉比、摩肩接踵，构成了古色古香的村庄。细瘦的村巷将繁星般的大院勾勒为四块，用方位定名，可分为北院、中院、南院和西北院四个组群。每个组群都有数进四合院，疏密相间，形成板块，连缀板块即成村庄。

村庄外的四个角还有魁星楼、财神阁、文昌阁、玉皇庙，东头有狼虎庙，西面有凸出去的骆驼院。这一形状惹人生疑，为何不是中规中矩的方正图案？稍一琢磨你会发现，整个村落不正像一只爬行的乌龟么？是的，金龟戏水便是丁村整体布局的取意。如果说，村庄是金龟的身子，那么，村外的四座楼、阁和庙宇就是金龟的四只足，而那狼虎庙和骆驼院，分别是伸向汾河的龟头和留在水边的龟尾。

多么精妙的布局！龟，自古象征健康长寿。至今，丁村一带仍流传着"千年蛤蟆万年龟"的俗语，无非是说龟的寿命长，是长寿的象征。丁村的祖先在建造村落的时候，就赋予其美好的寓意。龟生水侧，探头可饮河水，落卧可沐艳阳，生存环境良好，自然无忧无虑，哪能不长寿呢！这不是奉迎金龟，而是祖先对后世前景的满腔热望！

俯瞰丁村，整体美感赏心悦目。

进入丁村，单体美感滋身润魂。

对于整个村落来说，四合院算是单体民宅。明代的四合院独立成体，由正厅、东西厢房、倒座和门楼组成。门楼多在院落的南面，跨步进门，迈过高高的门槛，正对的就是北面的主房，也叫正厅。两侧是东西厢房。从体量上看，正房大，厢房小；从高度上看，正房高，厢房矮。虽然每一面都是四合院的一合，却没有平均使用长、高、宽，才使这院落主次分明、尊卑有序，有一种谐调舒适的美感。更有趣的是，这无言的建筑风貌，体现了家庭的伦理观念，住在北房的是长辈，住在厢房的是晚辈，恭谦礼让在木石上写照得逼真形象。

到了清代，丁家人丁兴旺，济济一堂，单体的四合院不够用了，因而派生出了二进的四合院。乾隆十年（1745）新建了一座这样的院落，最南为影壁，依次为倒座、中厅，穿过中厅就是后院。后院与单体四合院别无二致，只是院落的体量大了好多。如果北面的主房还是那样的平房，就会给人衣肥冠瘦的感觉，本来保持平衡的屋宅，此时也会失衡。因此，后院的主房增高，建成了楼房。尽管楼房只有两层，看上去却超拔脱群、气宇轩昂。

更美妙的是，这二进的院落仍嫌自己不够大、不够阔，于是承上接续了雍正年间的院落，启下延展进乾隆十五年（1750）和三十六年（1771）的两座院落，从此四合院落变为四合群落。进正门，入倒座，穿中厅，转侧门，时而上，时而下，时而左，时而右，辗转其中，如入迷宫，看是出门实是进门，本是进院实是出院，正走得院重门复疑无路，忽然间柳暗花明是村巷。

这种美不再是单体美，而是呈现了复合美。这种复合美，不是村落的整体美，而是组合院落的整体美。说穿了这是一种变化美、和谐美。在丁村院落中，单体和整体不时变化，不时易位，但无论怎么变化和易位，美却是不变的。你看那座门楼，在四合院里，它是个单体建筑，但这个单体却是整体院落的重要部位。俗话说，气口如人口，人口正，便于呼吸饮食；气口即门口，门口正，便于人们出入。因此，门楼挺拔而阔朗，显示着院落的巍然风貌，却又不高过主房，阔过正厅。相对于门扇来说，门楼又成了整体，门楼的风貌若质朴，门扇的装饰就尽量少；门楼的风貌若华丽，那厚重的木扇上要包铁皮，铁皮上要包铁带，铁带上要有铆钉，铆钉要有大有小，大的不少于220枚，小的多达3500枚。这些铆钉还要组成图案，或呈圆形，或呈菱形。一眼看去，那门扇与门楼浑然一体。

一座大院，犹如一件精致典雅的工艺品。

一个村落，犹如一座北国民居的博物馆。

故乡造城市

走进乔家大院的第一感觉，就是称作大院实在是后人的一种误解，这不是大院，而是一座小城。

乔家的大门其实就是城门，只是时过境迁已没了早先的门卫。穿过高高的门楼走进里面，闪亮在眼前的是一条甬道。甬道是导游的说法，我则认为这是一条街道。甬道是宫廷里的通道，两边宽阔，建筑都被远远甩在了一边。而街道就不同了，摩肩接踵的房舍紧贴街沿。

用这样的眼光打量，乔家大院的布局恰如其分。街道两边的房舍紧紧相挨，一间连着一间，北面坐落着三个院子，南面也坐落着三个院子。这不正是城市里的格局么？是的。乔家的屋宅虽然建造在乡村，却比城市的房舍一点儿也不逊色。县城的四合院，这里有；省城的穿钱院，这里有；京城的屋上楼，这里也有。若从高空俯瞰，313间高大的瓦房铺展出阔绰的一片，恰好构成一个博大的"囍"字，简直就是一座宏构巧妙、微观精致的城市。当然，说其是城市，是因为还有围墙。那围墙高到能够和如今的四五层楼房媲美，上头有掩身的女儿墙和瞭望的垛口，这模样赛过了不少城墙。

最为迷人的是那个花园。花园不大，却野趣盈溢。小桥流水有，亭台花木有，奇山异石有。信步走来，曲径可通幽；闲时打坐，莺声能怡情。这花园与苏州的园林景观相似，与时下的公园绿地同趣，因之，我以为乔家大院实际是一座乔家小城。

在街巷徜徉，在花园观赏，耳边总回响着《走西口》的歌声。那揪心撕肺的旋律，听多少次，就让人流多少次泪水。"哥哥你走西口，小妹妹我实难留。手拉着那哥哥的手，送哥送到大门口。哥哥你出村口，小妹妹我有句话儿留。走路走那大路的口，人马多来解忧愁。"泪眼模糊的视线里，我看见乔家大院的开创人乔贵发打点好包裹，走出门，走出村，走到口外，风尘仆仆来到内蒙古萨拉齐厅老官营村，成为吴家当铺的一个伙计。早起晚睡，熬过10年，腰包有了点银两，他离开当铺来到包头。那时的包头哪敢称市，说个小镇也有点斗胆自夸的意味。乔贵发没有嫌弃这个小镇，他要把这里变成自个的摇钱树。他没有夸口，只是埋头做事。开一家草料铺，生意不错；再开一家豆腐坊，生意不错；又开一家豆芽店，生意不错。生意不错，那就卖烧饼、卖切面、卖杂货。乾隆二十年（1755），他购进一批黄豆赚了一把，干脆亮出自家的牌号"复盛公"。牌号一挂，生意更是越做越大，粮食、布匹、绸缎、烟酒、蔬菜、皮毛、洗染、旅馆、当铺、钱店、票号，无所不涉。从生意不错变为生意兴隆，这便有了复盛西、复盛全、复盛油坊、复盛菜园、复盛西客栈、复盛西面店，这便有了北京、太原、太谷、祁县、西安、兰州、南京、上海、杭州、汉口、广州、沈阳、哈尔滨、张家口的分号分店。乔贵发真发了，发了自家，也发了包头。人夸"先有复盛公，后有包头城"，话说得有点大，事情却不假。

日进斗金的乔贵发时刻牵挂着家乡，他要光宗耀祖，却没有像襄汾丁家那样在旧村造新村，而是带回了城市眼光、城市胸怀、城市气度。一座充满城市韵味的家宅开工兴建，之后一代一代的后人承续前人的意愿，耸起了一座别开生面的乡村城市。

自然，这建在故乡的城市，不是乔家艰苦创业的那城市，也不是他们光大祖业的那城市，而是活化在他们眼帘中，流淌在他们血液中，萦绕在他们神魂中的城市。这城市无市井之嘈杂，无货柜之忙碌，无交际之烦琐，可以让他们疲累的身体得到完全的放松。这乡村里的城市比他们打拼的那城市静谧、闲适、自在。这里无叫卖以乱耳，无商务以劳形，可以读史书，可以诵经籍。你看，在西北院中有着他们的家塾，也就是他们的书院。在书院里乔家子孙汲取着前人的智慧，滋润着求知的身心，一茬一茬茁壮成长。

何止是书院，他们的家宅里处处闪耀着智慧的光芒。别的不说，单说各院门匾上的题词，就像是一缕缕照亮心灵的星光。且不说慈禧太后褒奖他们的"福种琅缳"，也不说李鸿章亲书的"仁周义溥"，还别说祁县三十六村乡贤赞颂他们善举的"身备六行"，单是他们自家的勉词就令人回味无穷。"书田历世"，是要后辈在经史中耕耘和收获；"读书滋味长"，不仅是对后人的勉励，也是对今人的告诫，告诫大家要终身学习，活到老，学到老；"百年树人"，寄托了对后代的殷切期望，展示了不倦教诲的长者风范；"慎俭德"，既是成功家族的经验总结，也是他们传续发扬的精神；"为善最乐"，是他们的家风，也是他们世代追求的最高境界。这样的大院，是家人生活的福地，更是陶冶性情、升华精神的乐园。

站在乔家大院回味人类的发展，蓦然悟到城市是世界文明的前沿。人类物质文明和精神文明之花总是在这里最先绽放。不过，播种、培育这文明之花的人，有很多都来自乡村。这样的现象时下不少，过去更多，乔家只是其中的一例，却像早春的鲜花那样惹人注目。乔家不仅把文明之花栽植进了城市，装扮了城市，还将更为亮丽的城市之花带回了乡村。

常家开茶路

对常家庄园早有耳闻，听说很大。大到"一阁、两轩、三院、四园、八贴、九宝、十三亭、二十五廊、二十七宅"。于是，便涌出这种感觉，一排一排的房子，一进一进的院子，出这座，进那座，跑累了腿，也转不出来。

带着这种感觉走进常家庄园，方知纸上得来终觉浅，即使在电脑上点击亦逃不脱这个怪圈。跨进高高的门楼，是一条与乔家大院相似的街道。这街道更阔，更长。走进街道边的任何一道门，便是一座深幽的院落。门脸一道挨一道，院落一进连一进，不是古城，胜似古城。忽然，就像是走进了《史记·五帝本纪》的册页，看见的如同"一年而所居成聚，二年成邑，三年成都"的景观。这是史圣司马迁对舜耕历山，带动当地发展的描述。我将其对应在此处，是想起了常家庄园的创始人常仲林。他是太谷县惠安村人，家贫如洗，难以度日，就来到榆次车辋村打工。一条放羊鞭就是起步发家的宝物，若是打个比方，我将这条放羊鞭视为阿基米德撬动地球的杠杆。一个打工汉自然撬不动地球，也无须撬动地球，只要撬动自己的命运即可。常仲林撬动了自己的命运，他讨得了东家的喜欢，不仅淘到了一桶金，东家还慷慨赐予他婢女为妻。老婆孩子热炕头或许不是常仲林追求的目标，于是他放下羊鞭，挑起了货郎担。货郎担就能担出如此恢宏的大院？是呀，院落真是大，我转了大半天，还深陷在迷宫般的院落中。

徜徉得快要困倦了，不意一脚跨出了院落的后门。哈呀，顿觉开阔，眼前是一处博大的园地，名为静园。这里有一泓亮汪汪的湖水，湖畔拥围的或是小山，或是奇石，或是廊庑，或是亭阁，或是绿树红花。远远望去，湖那面还有一座巍然的观稼阁，一下让人感到主人胸怀阔大，眼光超拔。登上观稼阁观览，这静园，比之苏州的留园、拙政园、退思园一点也不逊色，而且还让那娇俏的苏州园林望尘莫及。苏州园林与常家园林相比太袖珍了。如果说苏州园林是小家碧玉，那常家园林准是大家闺秀；如果说苏州园林是闺中美人，那常家园林准是巾帼英杰。常家园林的胜出在于其大，大空间、大摆排、大气象。相形之下，苏州园林虽然也好，未免有些娇小。而常家，坐在湖边，站在亭上，或是登到楼上，都让人感到境界开阔、舒展痛快。由此可以看到常家人的襟怀，襟怀大了，格局就大了，做事就有了大气魄、大风度，难怪他们会把事业做到天涯海角！

常家人之大气魄从何而来？从甩羊鞭起家的常仲林会有如此超拔的境界？不见得他有，也不见得他的后人没有。他为后人创造了读书的条件，后人在典籍里看到了比前辈高远无数倍的天地。前辈务植家乡周边的田地，后辈拓展山南海北的天地。他们有了财取天下之抱负，有了逐利四海之气概。因而，南下武夷山制茶，北达恰克图设店，开拓出万里茶路，将茶叶销到蒙古、俄罗斯以及北欧。在长达200

年的时间内，常家都以从事外贸为主。

如果把目光聚焦在常家走出一亩三分地的开头，那筚路蓝缕的往昔，奔波着一位身背褡裢的男子。那是17世纪末，男子远走他乡，腰里盘缠有限，时不时还需停下脚步，靠给人占卜填补几个零钱。那是八世祖常威，拮据的境况干瘪不了他勃发的才智，落脚张家口，他看到家乡的棉布很受喜爱，便进货来卖，生意逐渐火爆。火爆就往大里做，一个"常布铺"随即挂牌开张。开张更为火爆，赶紧向西向北发展。一来二去，沿途看见草原牧民喜欢大块吃肉、大碗喝酒，油腻的口舌要想利落，是不是喝茶为好？投其所好，生意哪会不好。一来二去，南边进货取之武夷山，北方销售抵达恰克图。恰克图是当时的中俄边界，也是常家生意延展国外的新起点。时在1727年。往后直抵俄国境内，莫斯科、多木斯克、耶尔古特斯克、赤塔、克拉斯诺亚尔斯克、新西伯利亚、巴尔讷乌、巴尔古今、比西、上乌金斯克、聂尔庆斯克，乃至欧洲许多国家都有了常家的茶庄分号。

万里茶路就这样开通了！

扎庄于恰克图，制茗于武夷山，输向蒙、俄和欧洲，常家开辟的茶贸商路犹如丝绸之路，逐渐延伸出6500多公里。逶迤在草原和大漠上的常家驼队来了，叮当叮当的驼铃声为旷野增添了灵动。一帮又一帮，每帮18人，除了两位领头，每人管一行，每行5头骆驼，从前至后共16行。一帮又一帮，前帮驼铃声刚刚消失，后帮的驼铃声很快接续上了，常家的驼铃声从武夷山响起，响过长江黄河，响过长城塞外，响到俄国，响到欧洲。

一座大气磅礴的常家庄园，写照了晋商汇通天下的襟怀！

晋商大院多

与常家驼队遥相呼应的是马帮，是车队，晋商立足山西，向外辐射，几乎遍及神州的每一个地方。

乔家走西口，常家搞出口时，有人上京城，有人下江南，有人闯关东，有人沿着丝绸之路向西发展，还有人从海上丝绸之路扬帆远航。上京城的最多，灵石县王家、祁县渠家、太谷县曹家，都把生意做到了京城。浮山县东郭村王家在京城开了一家饭店，长年不打烊，除夕照样开门营业。微服私访的乾隆皇帝走遍京城，处处张灯结彩，灯光映照的却是紧闭的店门。唯见一家小店门户敞开，好奇地走进去，吃过可口的饭菜，兴致盎然赐名"都一处"。都一处兴盛了，财源广进，扩大经营，许多浮山乡亲进京打工，无数银钱鼓圆腰包，东郭村遍布的58座古朴典雅的大院，就是先辈在京城淘宝的结晶。

在京城做得最大的是平阳富商亢嗣鼎，人称"亢百万"。亢百万的运粮车队在街头遇到无赖侵扰，赶车伙计扭头就跑。因为老板有吩咐，生命至上，不要和无赖较真。次日，王爷即派人送回粮车。那时京城流行着一首歌谣："上有苍老天，下有亢百万。三年不下雨，陈粮有万石。"亢家财大气粗，临汾城原来的大东关就是他家的大院。可惜，一把火化为了灰烬。不过，亢家不只是大粮商，还是大盐商；

不只在京城发展，还发展到了江南，扬州的瘦西湖就是亢家的后花园，前面的居所有多么阔绰，可想而知。

下江南的晋商也不少，前面提到的常家、亢家都下过江南。祁县渠家同样下过江南，他们不仅在湖北羊楼洞、羊楼司、咸宁等地收购茶叶，而且购买茶山，种植和加工茶叶，确保货源充足。然后，通过三条途径行销，一条与常家相同，经杀虎口运往蒙古一带；一条经张家口运往俄国；再一条是走海路，从汉口装船，在长江扬帆，驶入大海，转销欧洲。货物向四方发散，财富向渠家汇集。渠家大院就建在祁县城里，40多座院落鳞次栉比、高峻威严，透出森然气象，人称"渠半城"。在别处四进院落都很少看见，渠家却拥有全国罕见的五进式穿堂院。明楼院、统楼院、栏杆院、戏台院巧妙组合，错落有致，悬山顶、歇山顶、卷棚顶、硬山顶形式各异，主次分明。渠家大院浓缩着中国古建的诸多精美元素，散发出中国传统文化的精神气质、博大神韵。

太谷的曹家不像别的大院直接将姓氏作为名号，曹家大院另有名号——三多堂。三多堂，哪三多？多富、多寿、多男子。这显然出自华封三祝的典故。典故出自《庄子》，帝尧巡访到华山脚下，部族头人对他的祝福就是这三多。曹家要三多，不能等着天上掉馅饼，先祖曹三喜没有和诸多商家争夺客户和市场，而是另辟蹊径，独闯关东，做买卖，开店铺，商号遍及"关外七厅"。"关外七厅"是清水河、丰镇、托克托、萨拉齐、和林格尔、归化城（今呼和浩特）和宁远。

后来跨出国门，东到日本，北到俄罗斯，西到法国、英国，把国内的茶叶、布匹输往国外，引进日本的钢铁、俄罗斯的金属制品。据1938年统计数字，曹家经商300年，商号发展到640多座，白银多达1200万两，仅雇员就有3.7万人之多。太谷人说"凡是有麻雀飞过的地方都有曹家的商号"，不少小户人家的子弟，都跟着太谷商号飞翔，并在飞翔中获利致富。

毫无疑问，民居中的大院都是建筑艺术的结晶。但我在观赏大院的时候，更看重建筑背后的时代变迁。时势造英雄，时势也造建筑。每一座大院都凝结着缔造者的胆识和智慧，都折射着时代或明或暗的光色。不少学者都有一个共识，晋商的崛起有两个关键因素，明代"开中制"的实行，晋商带着"盐引"活跃于九边。清代开发边疆，再一次催化了晋商兴盛。灵石县王家是顺势而为的典型。清康熙十二年（1673），平西王吴三桂举兵反叛，他的干儿子、陕西提督王辅臣随即作乱，陕西震荡，波及山西。王家兄弟谦受、谦和正好购得24匹骏马，立即无赏上捐，用于平叛。这一举动博得山西援剿提督陈一炳的信任，委托王家担负筹运军需的重任。叛军平息，银两广进，王家大院得以扩建。后来一扩再扩，清乾隆四年（1739）在东山梁上扩建起恒贞堡，亦称"红门堡"，乾隆十三年（1748）向南扩建凝固下堡，之后又扩建和义堡、拱板堡、视履堡和铁门院。王家在战火硝烟中致富，同时把战争中的防御思维带回家乡，代代相传，筑堡成院、成家，在古代民居建筑中独树一帜。

与王家相比，万荣李家没有为平叛大军筹集军需的财运，却抓住了汇通"三边"的良好机遇。"三边"即靖边、安边、定边。这一带土地贫瘠、气候寒冷，不能种植棉花，因此土布稀缺，价格很高。16岁就开始赶集会、卖土布的李文炳看到了这个商机。清道光三年（1823），他便在家乡收购土布，组织马帮运往"三边"。马帮卸货后，再把西北的皮货、药材贩回内地，成为人们所称道的"边客"。百年经营，财源广进，李家商号先是向西拓展，解州、西安、平凉、兰州、银川，直至西宁；而后向东挺进，发展到武汉，以及沿海的天津、上海多地。100多个店铺，覆盖了15个省市、40多个县城。据说，李家媳妇王和君接手"敬义泰"的生意后，每年都去各地商号巡查，从闫景村坐马车出发，每天行程30公里，只住自家店，不吃别人饭，可以直到银川城。

看看李家大院吧，站在门前顿生耳目一新之感。走遍山西大院，唯有这座别开生面。那门楼的外形轮廓不仅仅高，也不仅仅直，而且还尖，似乎直冲青天。这线条如此轻快，这造型如此挺秀，确实少见。是少见，这是16世纪欧洲哥特式建筑体貌。别看这体貌像是洋人的个头，外在的服饰却是本土特色。砖雕的大"善"字是传统的，砖雕的图案花纹是传统的，这不就是立体的中西合璧、文化融合吗？整座大院渗透着博采众长的理念，北方民居的屋舍居多，时而夹杂着一些徽派元素，时而又夹杂着一些欧洲风格。毫无疑问，李家大院就是中西文化融合的产物。其特点是精致大宅门通天接地，传统四合院藏风聚气，欧洲式风格渗透形体，徽派样风味增添情趣。

李家大院在山西民居中罕见而新异，原因在于李家传人李子用曾经留学英国，把西式建筑风貌带回了家乡。何止是带回了西式建筑，还带回了英国媳妇麦克蒂伦和他一起过日子；何止是带回了英国媳妇麦克蒂伦，还带回了工业时代的新思维。李子用着手办起炉院，铸造小五齿铧、风齿铧、柳叶铧等新型农具，铸造笼圈、铁锅、鏊子、箅子等新式灶具。这还只是小打小闹的尝试，不久李家在上海、天津、武汉的申新纺织公司、中纺公司、大华纱厂相继开业。

一个新的时代开始了，工业文明在华夏大地驱动了步履。

那个时代的步履，不只是史料里遗留的过往痕迹，山西古代民居上也垒砌着、雕刻着不可磨灭的印记。

祠堂

问我祖先在何处？山西洪洞大槐树。——这是寻访600年前的祖先。

问我祖先在何处？山西临汾古尧都。——这是寻访将近5000年前的祖先。

这里不是要探究洪洞大槐树移民旧址，也不是要探究临汾尧庙，而是要从民谣中，感受华夏儿女寻根祭祖的情结。

敬天法祖，是中华儿女祖辈流淌的血液。

这里暂且不谈敬天，只谈法祖这悠久的传统。法祖，不是空洞的，不是虚无的，而是具体的、可敬可拜的。国家有可敬可拜之祖，家族有可敬可拜之祖。后土圣母祠，乃举国敬祀拜祭的先祖。此外，各个家族也有敬祀拜祭的祖先，拜祭祖先去何处？祠堂就是祖祖辈辈跪拜上香的场所。祠堂也叫"宗庙""宗祠""家祠""家庙"。山西祠堂多，傅说祠、裴公祠、杨忠武祠、陈氏祖祠、柳氏宗祠、司马温公祠……几乎所有的氏族都有宗祠，所有的大院都有宗祠。

后土祠

山西古建筑璀璨夺目，祠堂同样绽放着夺目之光。一座祠堂，就是一部家族变迁史；一座祠堂，就是一座民俗博物馆。了解祠堂，等于在了解民族文化，了解民俗风情，了解精神家园。民间祠堂往往是倾一地一族之力，集一地一族之智所建成的，因而，多是外部形态相近，内在文化相异。

驱动脚步，走进祠堂，先祖闪耀的思想光芒，足以化解前行时偶尔的迷茫。

拜谒后土祠

后土祠，又称"后土圣母祠"。全国各地都有，山西居多，石楼县、汾阳县都有，相形之下唯有万荣县的后土圣母祠体量最大。不只在山西最大，在全国也首屈一指。建造这样一座规模宏大的后土圣母祠，不是因为经济发达、财力充裕，而是因为这方水土与后土圣母根脉相连。后土圣母的后裔从这里瓜瓞绵绵，繁衍不断，开枝散叶，撒遍神州。

你道这后土圣母祠敬祀的后土圣母是哪位？女娲。女娲是中华儿女心目中的先祖，是造人的老老祖母。如今在晋南一带，上年纪的人多把祖母叫作"nue"。nue字如何写？请教过不少人，写不出来。忽一日想到女娲，将这两个字往快地读，即是nue。顿悟，原来这是把祖母比作女娲。看来在乡亲们的心目中，女娲就是造人的老老祖母。

水有源，树有根。将女娲比作造人的老老祖母，也有根源。根源就是神话里的女娲抟土造人。话说盘古开天辟地后，地上草木茂盛，就是空荡无人。女娲自天而降，觉得生机不够，来到大河边上，抓一把黄土，撩一掬河水，和成泥团，捏出一个个小人。人，就这般出现在大地上。在中华先辈心目中，这就是人的来历。人是女娲抟土所造，自然女娲就是人类的先祖，就是最早的老老祖母。而且，这位老老祖母仁慈可敬，最有责任心，看见她的儿孙受难，赶紧挺身庇护。这便有了另一个神话故事——女娲补天。天上的火神祝融和水神共工打仗，共工不敌祝融，败下阵来。败下阵来又不甘心，一腔怒火无处发泄，一头撞向不周山。这一撞可不得了，恰如《山海经》所讲，"天倾西北，地陷东南"。苍天破损一块，天河之水倾泻而下，大地眼看要变作汪洋，那不把人都淹死了吗？大事不好，女娲赶紧忙碌起来。《列子·汤问》记载，她老人家"炼五色之石以补其阙"。缺口补上还不放心，"断鳌之足以立四极"，即把巨鳌的腿脚砍下，作为立柱支顶青天。如此，天完好，地无害，世人才能安居乐业。

这老老祖母真好，不只是先祖，还是世人的保护神。既是老老祖母，又是保护神，那当然应该好好祭拜。是的，据说在黄帝那时就敬祀她老人家了。只不过不叫敬祀，而叫扫坛。万荣县后土圣母祠内有一通《历代立庙致祠实迹》碑，碑文记载："轩辕氏祀地祇扫地为坛于脽上。"扫，在古代就是祭祀、祭奠的意思。如今，清明节去陵园祭祀，大家都说去扫墓。

据说，自从黄帝"扫地为坛于脽上"便相沿成习，形成惯例。尧舜二帝效仿先祖在此敬祀，夏商周三王延续习俗在此敬祀。那时的祭祀都很简陋，在脽上扫开浮土，辟场为坛，即可叩拜。提高规格的是汉文帝，他主持在脽上建设场所，从此祭祀不用再扫土为坛。将祭祀后土圣母推向高潮的是汉武帝，元鼎四年（前113），他颁旨建立后土祠，并规定每三年祭祀一次。汉武帝亲至亲祀，先后6次光临脽上。唐朝李峤的诗作《汾阴行》即留下汉武帝祭祀的踪迹：

河东太守亲扫除，

奉迎至尊导銮舆。

五营夹道列容卫，

三河纵观空里间。

回旌驻跸降灵场，

焚香奠醑邀百祥。

金鼎发色正焜煌，

灵祇炜烨摅景光。

李峤诗作如此夸饰毫不过分，汉武帝每次祭祀都有文武百官、朝臣内亲陪祭，浩浩临莅，旷日不归，史称"亲望拜，如上帝礼"，其威严隆重以臻至境。之后，唐玄宗、宋真宗等皇帝都曾千里迢迢来此祭祀。皇家看重，汾阴后土圣母祠颇得恩荣，历朝历代非重建即扩建，逐渐成为一个庞大而辉煌的祠庙。

后土祠原址在汾阴脽上，"长四五里，广二里多，高十余丈"。明代黄河干流向东改道，汾阴被侵蚀，后土祠受到洪流的威胁，随时会有被淹没的危险。明万历末年（1619），只得将后土祠向东移建。移建也未躲过灾难，清顺治十二年（1655）黄河泛滥，待洪水消退，后土祠已破败不堪，主殿、献殿荡然无存，只有门楼与秋风楼幸免于难。清康熙元年（1662）黄河再度泛滥，秋风楼也消失于洪水中。站在岸边的不少人叹惋，一片汪洋都不见，恐怕从此再难睹后土圣母祠的芳颜。

然而，这叹惋纯属目光短浅，很快一座全新的祠宇拔地而起，时值清康熙二年（1663）。孰料，清同治六年（1867）新建的祠宇又遭水淹，木头构件随水漂走，殿堂无一幸存。这可如何是好？好办法有的是，正如当今的流行语，只要思想不滑坡，办法总比困难多。仅仅三年，后土圣母祠重新崛起，而且这次远离河道，坐落于庙前村北的高崖上。昔日河滩曾坐卧，河水随时能淹没。如今高崖安新家，巨浪滔天不害怕。倘若祠宇能言语，肯定会倒出这般心里话。果然，后土圣母祠风雨如磐，安卧到如今，150多年过去，依旧岿然不动。

安卧在高崖上的后土祠，东西宽105米，南北长240米，占地面积2.5万多平方米。走进后土祠的第一印象是博大开阔、气宇轩昂，中华儿女对先祖的爱戴与礼敬，从布局上即展现出来。山门、戏台、献殿、正殿、东西五虎殿、秋风楼等建筑，一一分列，各得其位，舒适自如。建筑工艺更是精巧，祠内的正殿、献殿，木构物件精雕细刻，既严丝合缝，又美观大方。如今再高明的建筑大师观之，也禁不住咂嘴。

最为神奇的是祠内的"品"字形戏台。品字台，观字想形，需有三个口字，即由三个戏台组成。上头那个口字是个独体台，位于山门口，是座山门戏台。这座戏台规模很大，初看并不像戏台，一脚踏进山门，便是宽阔的门厅。细一看，门厅里竖着木柱，木柱留有茬口，茬口用来搭板，板子搭好就成了戏台。下面两个口字，实际是座二连台，或说是对台。这二连台正对山门，两台间留有一条过道，钻出过道就到了正殿前的献殿。此台距山门戏台不过百步，距献殿也是百步，前后戏台间的空地就是供众人观看的露天剧场。因而，三座戏台周围分外空旷。这空旷展示出一种不凡的气度，也烘托出戏台的超群出众。走遍全国，哪里还能找见这样的"品"字形戏台？没有地方找得见，专家们称之孤例，万荣人夸之唯一。

历久弥新的后土圣母祠，铭记着炎黄子孙敬天法祖、感恩戴德的优秀传统。

晋祠寻因果

读懂晋祠需要一双慧眼。有了慧眼便能够读懂建筑，享受建筑给予的视觉美感；有了慧眼便能透过建筑读懂历史，享受历史给予的精神陶冶。

那就带着慧眼先看有形的建筑吧！晋祠，是中国现存最早的古典宗祠园林建筑群，也可以说是中国现存最早的古典宗祠园林建筑博物馆。跨进大门，殿宇繁多，花木簇拥，看得人眼花缭乱。的确，若是第一次前来观瞻，真不知道往何处插足。那我就凭借多次游览的经验，当一次未必称职的导游吧！

进入大门是一条中轴线，两侧高低错落着不同的建筑。北侧排列着文昌宫、昊天神祠、贞观宝翰亭、唐叔虞祠、朝阳洞、三台阁，这些建筑多是崇楼高阁。南边排列着水母楼、难老泉、真趣亭、胜瀛楼、王琼祠、奉圣寺、舍利生生塔，这里流水潺潺，古建点缀。与北边相似的是楼亭耸峙，独具特色的是泉水环流、池塘映影，多了几分灵性。

晋祠坐落在太原，自然属于北国宗祠。可是，在园林间迈步，或者小憩，时而就会忘却这是身处黄土高原上的山西，恍惚间犹如梦游于苏杭一带。可不是嘛，清澈见底的难老泉泉水淙淙，犹如一条碧绿的玉带，串联着两边古色古香的亭台楼榭。亭台楼榭倒映在粼粼碧波中，闪射着熠熠光泽。远远观赏像是一串明珠，分外亮眼。清流两岸，高的是绿树，低的是繁花。绿树，或浅绿，或翠绿，或深绿，或墨绿；繁花，或粉红，或深红，或紫红，或橘红。花丛中时而暗香涌来，扑鼻沁心。更别说时有喜鹊飞过梢头，时有黄鹂婉转鸣叫。蝉噪林愈静，净化了游人纷沓的脚步声，晋祠似乎永远是幽雅的。

这幽雅的园林中，陈展着各式殿、堂、楼、阁、亭、台、桥、榭、塔，仅300年以上的建筑便存有98座，还有高品位的塑像110尊、碑刻300通、铸造艺术品37尊。古典建筑座座庄重，当代园林处处清雅。古代建筑美，当代园林亦美，晋祠无疑是宗祠祭祀建筑与自然山水完美结合的典范。

接下来该回味晋祠以及晋国的悠久历史啦！晋祠，自然是晋国的宗祠。在现今介绍晋国的说明词里，唐叔虞祠混迹于诸多的建筑中，不分伯仲，不见主次。按照主旨讲，晋祠的主体建筑就是唐叔虞祠。唐叔虞是晋国的开国君主，晋国的宗祠当然主殿就是供奉他。世事纷杂多变，往往鱼目混珠。不过，只要晋祠这个名称不变，宗祠的主角就是唐叔虞。那晋国的君主为何不称晋叔虞，而称唐叔虞？因为晋国是从唐国开始的。著名的桐叶封弟也称"桐叶封唐"，这又是为何？

简而言之，周武王去世后13岁的儿子姬诵继位，史称"周成王"。年少必然贪玩，可少年天子每天要临朝听政实在烦恼。烦恼的成王好不容易熬到日西斜，赶紧去花园里玩耍。弟弟叔虞见哥哥来玩，高兴地跑了过来。成王想起了急报军情的将领，笑着说："有何敌情，如此慌张？"

叔虞聪明，稍一怔，即明白兄长是和自己开玩笑。那就继续玩笑，马上模仿将领的样子跪地报告："敌人来抢东西，天子快想办法！"

周成王上前扶起弟弟，顺手捡起一片落在地上的桐树叶，三揪两扯，撕成了个玉圭形状，故作正经地说："我封你为侯，火速带兵击败敌人。"

说到此，兄弟俩会心地笑了，一场玩笑结束了。孰料一个玩笑开出了一个国家。周成王身后紧随着史官，史官如实记录了兄弟俩的对话。时隔一天，兄弟俩可能都忘记了这场玩笑，史官却来催问封侯的事情。周成王辩解："我是开玩笑呀！"

史官说："天子无戏言。"

大臣们都认为是这样，不然天子以后说话谁还会相信。辅政的周公也是这般看法，成王只好把弟弟叔虞分封到唐国为侯。转眼间，叔虞成了唐叔虞。那唐国为何变为晋国？后来，唐叔虞的儿子燮继位，看见境内晋水滔滔，滋润得禾苗茵茂、五谷丰登，就改唐国为晋国。晋国的先祖无疑应是唐叔虞，晋祠的主殿自然应供奉这位开国君主。

晋国历史悠久，晋祠同样历史悠久。初建于何时，无人敢断定，最早见于典籍的记载是北魏郦道元所著《水经注》，其中写道："沼西际山枕水，有唐叔虞祠，水侧有凉堂，结飞梁于水上，左右杂树交荫，希见曦景。"算来从郦道元记载距今，已有1500余年历史。郦道元无意间透露出一个信息，那时没有晋祠，只有唐叔虞祠，简称只能是唐祠。唐祠变晋祠倒也合理，试想唐国仅是一个国家短暂的开端，几百年时间都称晋国，还是改称晋祠为妥。郦道元透露的信息正好吻合了顾炎武的观点。他骑着毛驴在山西大地弯来绕去，考察历史，得出了一个观点，晋国故地不在太原一带。刚立国时，诚如司马迁在《史记·晋世家》所写"唐在河汾之东，方百里"，即在汾河盆地。北边越过霍国，即现今的霍州，抵达灵石，那是公元前676年，晋献公开疆拓土所致。那为何太原要为唐叔虞建造祖祠？

回答这个问题，需要翻阅晋国末期的历史。那时候大夫的势力大过了晋国的公室，还想再大，就必须吃掉别家，争斗不可避免地发生了。斗来斗去仅剩下知、魏、韩、赵四家。四家中知家最大，知家也称"智家"。最大的智家野心也最大，打着公室的旗号向魏、韩、赵三家敲诈土地人口。韩家惹不起智家，忍气吞声给了；魏家惹不起智家，忍气吞声给了。赵家若是也忍气吞声，那历史就会是另一种模样。偏偏赵家铁骨铮铮，绝不忍气吞声。这便把智家的掌门人智伯气得要死。智伯不想死，还想把赵家整死，胁迫魏、韩两家和他一起讨伐赵家。赵家盘踞何地？中心就在太原，当然那时以晋阳为名。晋阳城虽被围困，但久攻不下，智伯便使阴招，决晋水灌城。这可苦了无辜平民，悬釜而炊，搭棚居住，眼看无法再支撑了。危急关头，赵家说服魏、韩两家，联手灭掉了智家。

之后，三家势力更大，晋哀侯时晋国走到了末日。三家分晋就从在晋阳联手灭智家开始，司马光编修《资治通鉴》也从此时落墨。晋阳出现唐叔虞祠莫非就在此时？三家分晋后赵家继续盘踞晋阳。赵家怀旧，不忘家族发迹是缘于先祖赵衰追随重耳逃国。重耳归国为君，赵衰成为大夫，这是赵家强大的开端。晋国被瓜分，赵家主事的赵襄子是不是内心有愧，不得而知，只知道晋阳有了唐叔虞祠，也就是演变而来的晋祠。

在晋祠观瞻，有次碰见游客发问，三家分晋后进入战国时期，战国时期有七雄，魏、赵、韩三国均跻身其中，足见当初的晋国势力有多大。假如晋国不被三家瓜分，一统天下哪能轮到秦国。历史没有假如，可这说法却在提醒我沉思。一沉思，明白了，晋国强大晋献公功不可没，晋国灭亡晋献公罪不容赦。晋国灭亡时国君是晋哀侯，与晋献公有何瓜葛？

瓜葛在于，晋献公的君位来自父亲晋武公。晋武公在晋国属于旁系，他祖上开始与定都翼城的国君争斗，经过67年的杀伐，曲沃代翼，晋国大权到了他的手里。晋献公主政，最怕以后旁系强大，再夺取自家的君权。他使了个见不得人的阴招，灭掉了旁系的公子。不过，这阴招的开头却很有吸引力。晋献公建造了一座名为车厢城的豪华别墅，凡是旁系公子谁想住都可以得到一所住处。如此好事谁不想沾光，众公子纷纷入住。一日夜晚，天低云暗，一群骑士闯入别墅，见人就杀，众公子无一幸免。晋献公除了心头之患，肯定暗暗得意。他哪会想到，这得意预设了后辈的失意。是呀，主宰国事非一人之力可为，总要用人。不用本家人，必然要用别家人。魏、赵、韩三家，包括那个被三家灭掉的智家做大，不正是这个道理吗？

忽然想起一副楹联的上联，把这道理阐述得一清二楚，因有果果有因是因是果种甚因得甚果。因果关系不在一日，不在一月，不在一年，晋献公种下的因，几百年过去，后辈才品尝到果，非常苦涩的果实。

晋祠无言，却蓄纳着历史的因果关系。

谒杨忠武祠

假作真时真亦假，杨忠武祠闪烁的光芒，让这充满常识性的逻辑显露出少有的尴尬。

知道杨家很早，早至童年。三个渠道源源不断地向我童年那个时代输送杨家壮烈的故事，一个是人群拥挤的戏场，一个是说书人的说说唱唱，再一个是干瘦无色的小人书。三者各有特点，看戏最过瘾，可一年半载唱不了几次。说书热闹，可不是每天都有人家过事，请来说书先生是要花钱的。最为便宜的是小人书，在我们那个小学校，只要有个人得到一本，传来传去，每个人几乎都能看到。随着学识的增长渐渐明白，戏剧、说书和小人书，源头出于一处——古典通俗小说，或《杨家将演义》，或《杨家将传》。杨家将的每个故事，每出戏剧，虽然不是真实历史，却无不在展示传统美德，浓郁的家国情怀哺育了无数代尧舜传人。

最具代表性、最为壮烈感人的是《金沙滩》。天庆王策划了个双龙会谈判，实际是要趁机谋杀宋太宗赵匡义。宋太宗不能不去，不去就是没有议和的诚意，去了等于送死。杨家大郎延平容貌与宋太宗相像，父亲杨业命他假扮天子履约赴会。果如所料，谈判变成厮杀，大郎当场丧命。一场恶战打响，杨业派兵分三路迎战，左路由二郎延定、三郎延安率领；中路由自己和六郎延昭、七郎延嗣率领；右路则由四郎延辉、五郎延德率领。辽兵蜂拥杀来，杨家三路兵马都被冲散，首尾不能相顾，各路无法互援。杨业奋力拼杀，不料中了埋伏，陷入重围。耶律奚把守斜谷口，箭矢如雨，杨家兵马难以突围。六郎延昭还算镇定，急忙派七郎延嗣单人突围，去找主帅潘仁美搬救兵。杨业且战且退，退到两狼山，手下仅剩百余名兵卒。救兵不到，望子不归。辽兵攻势更猛，杨业率兵血战，兵卒一个个倒下。只剩下杨业孤身一人，他不想被俘受辱，一头撞死在李陵墓前的石碑上。概括这场催人泪下的恶战，不用费心，在《四郎探母》里佘太君有段唱词言简意赅：

儿大哥长枪来刺坏；儿二哥短剑下他命赴阳台；儿三哥
马踏如泥块；我的儿失落番邦一十五载未曾回来；唯有儿五弟

把性情改，削发为僧出家在五台；儿六弟镇守三关为元帅；最可叹儿七弟被潘洪就绑在芭蕉树上乱箭攒身死无葬埋。

惨烈至极，悲壮至极，杨家的忠烈形象也高巍至极。虽然这高巍至极的形象与历史并不一致，甚至不无夸张。可是，上至帝王，下至平民，没有一个跳出来挑刺的。

杨忠武祠就彪炳着忠烈形象，凝结着高巍精神。

杨忠武祠，亦称"杨令公祠"，或"杨家祠堂"，位于代县城东北20公里的鹿蹄涧村，创建于元至元十六年（1279），占地1.2万平方米，规模宏大，体量巍峨。莫说入内，门前就显出超凡气度。祠门三间，每间前檐均悬一方金字巨匾，中间的字为"奕世将略"，左面的字为"一堂忠义"，右面的字为"三晋良将"。门楣上是一蟠龙蓝底大匾，上有"忠武祠"三个金字。乍看门额词无啥特别之处，任何一家都有。细一想真不凡常，"忠武"乃杨业战死后宋太宗赐予他的谥号。与忠武祠大门正对的是一座祭楼，名为"颂德楼"。如何颂德?古代多是唱戏。颂德楼实为一座精致典雅的戏台，有明代戏台的阔大，有清代戏台的精巧，像是初建于明代，清代翻修装点了一番。

祠堂正殿五间，中额书"忠勋世美"。前檐悬匾一块，上书"敕建"二字。"敕建"是奉帝王命令修建，世上家族众多，有几家能享受到如此高规格的待遇。正殿内的高龛上，是杨业与佘太君的塑像，饱经风霜，令人肃然起敬。左右两旁是杨令公的儿子，及杨家历代功臣名将的塑像，数来共有20位，个个姿容伟俊、气宇轩昂。真个是名将林立，满门忠武。

由此可以看出，杨忠武祠的雕塑不是出于戏剧，完全可以与历史对位。将《宋史》记载杨家的文字释译出来，有详有略，非常动人。杨业原是北汉有名的将领，宋太宗早闻其名，平定北汉，迎他归附。宋太宗对杨业高度信任，放心重用，先让他担任郑州刺史，时间不长即让他出任代州刺史，镇守北方边境。

太平兴国五年（980），辽国出动10万大军侵犯雁门关。关上守军只有几千骑兵，敌众我寡，危在旦夕。在他人看来，只能硬着头皮守关。杨业偏不，来了个剑走偏锋，出奇制胜。辽军正大摇大摆向南进军，不料一声呐喊，宋军从背后冲杀出来。辽军大惊，不知道宋军有多少人马，吓得四散溃逃。跑不及的只有挨刀，辽国的一个驸马就沦为刀下鬼，还有一个大将若不是早早举手投降，也人头落地了。杨业带了多少兵马？几百！几百人马大胜10万大军，宋朝军臣多数非常高兴，称赞杨业是"杨无敌"。为啥说是军臣多数高兴，而不是全部高兴？故事往后发展，答案就会揭晓。

雍熙三年（986）正月，宋太宗派出东、西、中三路大军进攻辽国。西路军由潘美为主将，杨业为副将，王侁为监军，攻取山西北部各地。杨业率部英勇奋战，很快打下了寰州（今山西朔州东）、朔州（今山西朔州）、应州（今山西应县）和云州（今河北张家口赤城县一带），收复了广袤河山。可这时东路军大败，宋太宗不敢再战，下令退兵，潘美、杨业很快退回代州。这一退辽军乘胜打进寰州，顿时形势十分紧张。此时宋太宗下令，命潘美、杨业率军把寰、朔、应、云四州的百姓迁往内地，这是准备与敌拼死。

杨业不愿死拼，提出避敌锋芒，假打应州，诱敌迎战，腾出时间南迁百姓。围魏救赵，早就是兵法中的经典战例，自然是个好谋略。监军王侁却不同意，为何不同意这个好谋略？听听王侁的说法，就会知道他的内心有多阴暗。他说："将军一向号称杨无敌，为何不敢正面迎敌？"杨业解释，自己不怕死，可不愿士兵无辜送死。王侁执意要杨业出兵，身旁的潘美一言不发。杨业对潘美说："我不畏敌，却不一定能胜。你们在陈家谷埋伏好弓箭手接应，否则，军队难以回来。"说完，杨业带兵出征。

果如杨业所料，数倍于宋军的辽军包围了他们。杨业父子与部下血战搏杀，从正午杀到黄昏，只带着百余人突出重围，退到陈家谷。本想自家大军会在此接应，哪知潘美早已不见踪影。杨业身负重伤，仍率部下死战，最后拼光血本，倒地被俘。杨业坚贞不屈，绝食死去。杨业虽死，7个儿子除杨延玉牺牲外，其余仍在军中御敌。最为著名的是杨延朗，即杨延昭。他镇守边关20多年，多次击退辽军的侵扰。杨延昭的儿子杨文广，也是将门虎子，多年在西北和河北一带镇守边关。这就是杨家不畏生死报效国家的历史，也是杨忠武祠留给后世的真实记忆。

与史实相比，显而易见，《杨家将演义》以及从中分支出来的戏剧、说书的话本和小人书，都强化了杨家的悲剧，尤其是突出了潘仁美的阴险狡诈，将他以白脸奸臣的形象做了定格。潘仁美显然就是历史上的潘美，阴暗的嫉妒心理作祟促使他见死不救，葬送了杨业的生命，也葬送了无数宋军男儿的生命。

假做真时真不假，潘美的一丝邪念，把自己钉在了历史的耻辱柱上，他的阴暗衬托着杨家的磊落。元好问词作写道："烟灰散，凭热血；萤光熠，伤明月。纵潘杨不语，世人还说。可恨忠奸多惹溘，直疑清浊都含谲。抬望眼、问大好河山，真无辙？"

可惜，那个比潘美嫉妒得更邪乎的王侁却漏网了。不然，杨忠武祠前应该像杭州岳王庙那样，有个他下跪的塑像。

司马温公祠

司马温公祠坐落在司马光的故乡夏县小晁村。小晁村坐落在鸣条岗下，涑水河畔。司马光的祖上就在这方水土的养育下生息繁衍。他虽然出生在淮南西路光州光山县（今河南光县），但是血脉中流淌着这方水土的精魂。小晁村背后的鸣条岗安葬着不少历史文化名人，据说大禹的子孙都安卧在巍峨的黄土岗上。司马光的祖茔也坐落在其中，与帝王比肩俯瞰着千秋万代。司马光去世后叶落归根，葬进了祖茔。宋哲宗追赠他为太师温国公，谥号文正。后人在祖茔和司马光坟墓边建起祖祠，称"司马温公祠"。不知道别的地方如何，在山西诸多的宗祠中，祖茔与祖祠合抱一处，这是我见到的唯一。

司马温公祠占地面积近百亩，体量宏阔，与司马光曾经出任宰相的身份颇为相当。祠堂不只是墓、祠合一，还有禅院与书院，每一处建筑都蓄纳着司马家族过往的情怀与风尚。温公祠处于正北位置，东面是余庆禅院与书院，南面是祖茔，司马光墓也依照辈分排次安卧在其中。看来这种格局是顺势而为的结果，不是精心设计的产物。

余庆禅院，原来是司马光祖茔的香火院。宋英宗时司马光上奏，为在京老臣的祖坟增建佛院，由僧人代为行孝，准奏后香火院改建为禅院。后来神宗皇帝赐名余庆，显然取自"积善人家必有余庆"的美意。余庆禅院的东侧是涑水书院，也叫"温公书院"，始建于宋治平二年（1065）。这年二月，在谏院为官的司马光归里省亲，目睹乡民的艰辛生活，十分忧虑。归京后仍牵挂在心，特派人送回一笔银两兴建书院，供农家子弟就读求知。如今，祖茔、祠堂、禅院、书院都像在讲述司马家族，尤其是司马光的历史作为、精神风采。

且莫说祠内文化有多丰赡，大门外就够人观赏回味半天。稍偏南有一座醒目的碑楼，碑楼两侧刻有楹联"粹德辉煌流涑水，精忠发越秀峨眉"。里面的碑石高达9米，在皇家陵寝之外并不多见，称之华夏巨碑也有道理。碑楼建于明嘉靖三年（1524），由山西监察御史朱实昌兴建。正面镌刻着宋哲宗赵煦御篆的六个大字"忠清粹德之碑"。这评价古今少有，观赏者谁能不仰慕。碑文名为"司马温公神道碑"，泱泱2146字，记述了司马光的家世和他的功绩。皇帝题写碑名，那碑文该由谁写？苏东坡！一位跨时空的文化巨人为另一位跨时空的文化巨人书写碑文，这碑石可谓价值连城。

暂且停笔，不要急于往下写。我的耳边似乎有人在质疑，仅仅用跨时空的文化巨人评价司马光妥当吗？不妥当，我心悦诚服地接受质疑。确实不妥当，司马光还曾是宋朝一人之下，主理国事的宰相，贡献实在太大了，一篇短文岂能顾及方方面面。那就看看苏轼那如椽大笔，如何概括他的生平。司马光少年聪慧，这聪慧可不是一般名人传记里那不见事实的聪慧。他7岁时砸缸救友，谁有他这样机智？虽然机智的文彦博曾经灌水取球，可从洞里取出个皮球和砸破水缸救友一命，哪有什么可比性。20岁就考中进士，名列甲科，被皇帝授任奉礼郎，此等聪慧几人可比？聪慧而不自恃聪慧，一生谨慎为官，为国分忧，为民谋福，又有几人可比？

当然，对于司马光的为官，尤其是晚年当上宰相，有人持有异议。他一件一件将王安石的新法否定了个彻彻底底，这便给他套牢了一个保守派的紧箍咒。为此，他居官的形象在不少人眼里暗淡无光。回溯历史，许多人不只对宋神宗和王安石策动的熙宁变法，对其他朝代的变法，包括后来的戊戌变法都有微词。微词不在于变法本身，而在于变法操之过急。操之过急如大火烙烧饼，外皮烤焦了，里面还是夹生的。何况还有那么多只为自己政绩考虑的地方官员，把好事办成了坏事。例如王安石推行的青苗法，他当县令时，在青黄不接的春季，发放贷款为饥困的贫民解燃眉之急，适当收回一点利息，那是利国利民的大好事呀！可是，青苗法一推行却完全变了味。穷人必须贷，富人也必须贷；乡村人必须贷，城里人也必须贷。青苗法变质为敛财和敲诈勒索的一种手段。司马光做否定有何不妥？不过，评价世事，身份不同、地位不同，眼光也就不同，历来对司马光也就褒贬不一。这是好事，多种视角、多元文化，给人思考问题的多种角度。

还是不要过多纠缠历史的陈账，搁置争议，淡化司马光的从政履历，仅就《资治通鉴》的传世就够他生命辉煌再辉煌了。自宋仁宗嘉祐年间司马光开始编修《资治通鉴》，到宋元丰七年（1084）定稿成书，呕心沥血19年。有人质疑，《资治通鉴》是集体智慧的结晶，渗透了每位编修人员的心血，司马光只是主编，起到的是组织班子、宏观架构的作用。这没有错，可司马光这主编与当今的某些主编根本不在一个频道。他既组织写作人员，又宏观勾勒全书框架，还亲自操笔撰写和修改。以范祖禹编写的《唐纪》部分为例，原稿长达600卷，司马光通览删节，最终定为81卷，前后用去了4年时光。一卷一卷审读，一卷一卷修改，一卷一卷加上"臣光曰"的评点，工程多么浩大、多么庞杂，耗费的精力和心血无法想象。为此，他筋骨瘦削，视力减退，牙齿脱落得所剩无几。《资治通鉴》这部史书巨著，记载了周、秦、汉、魏、晋、宋、齐、梁、陈、隋、唐、后梁、后唐、后晋、后汉、后周16个朝代，时间跨度达1362年，共计294卷300多万字，创造了中国编年体史书的新高度。这部巨著的面世如日出之光，如日中之阳，照亮一代又一代华夏子孙的人生之路。此后，历史的发展虽然时有偏离人间正道，但是不多时就会得以匡正。匡正歧途的不是暴力征伐，而是悠久岁月酿造出的无形文化。《资治通鉴》就凝结着历史文化的结晶，起到了无法估量的作用。

《资治通鉴》与《史记》双峰并峙，永远屹立在史书的昆仑峰峦。

司马光与司马迁双峰并峙，永远屹立在国人的精神峰峦。

惠民祠风范

惠民祠是陈氏宗祠。此陈氏宗祠不是别处的陈氏，是位于山西省晋城市阳城市北留镇、名声响遍全国的皇城相府。古代名字没有这般骄人，陈家不仅不炫耀门第，还谦称中道庄。如今的皇城相府是山西旅游界的一颗璀璨明珠，冠戴5A级景区，游人如织。

太行山东来，中条山西去，皇城相府就镶嵌于中间的山坳里。周边大山重围，忽然凹洼下去，似乎四处的力量在向中心施压，就像卫星发射一般，必然要弹出一个千秋不凡的家族。何等不凡，那就领略一下每日吸引着成千上万游客的大院吧！

皇城相府建于明清时期，枕山临水、依山而筑，城墙雄伟、雉堞林立，官宅民居、鳞次栉比，朴实典雅、错落有致，是一处罕见的城堡式建筑群，被专家誉为"中国北方第一文化巨族之宅"。建筑群分内城、外城两部分，有院落16座、房屋640间，总面积36580平方米。内城始建于明崇祯五年（1632），清代曾扩建，有大型院落8座。尤其是七层百尺河山楼，及附属建筑107间的藏兵洞，风貌古朴，重在实用，确属同代珍品。外城完工于清康熙四十二年（1703），前堂后寝、左右内府、闺阁绣楼、书院花园，应有尽有，还有管家院和望河亭，布局讲究，雕刻精美。康熙御赐的"午亭山村"匾额以及对联"春归乔木浓荫茂，秋到黄花晚节香"，至今保存完好。

院落阔大，气象不凡，固然是游人络绎不绝的吸引力，可不是最重要的因素。最为吸引人的是这大院里出过赫赫有名的陈廷敬，还有令别家望尘莫及的诸多官宦。数字显示，陈家从明孝宗年间到清乾隆年间的260年中，共出了41位贡生、19位举人、9位进士。其中6人跻身翰林，享有"德积一门九进士，恩荣三世六翰林"的美誉。走上仕途的有38人，足迹遍及14个省、市，且多政绩显赫，受到百姓称颂。多人致仕去官时，平民怀恋不舍，为之立祠。康熙年间，陈家堪称鼎盛时期，居官者多达16人，出现了"父翰林，子翰林，父子翰林；兄翰林，弟翰林，兄弟翰林"的盛况。

花开繁荣，一枝独秀。独秀者乃是陈廷敬。陈廷敬（1638—1712），字子端，号说岩，晚号午亭。清顺治十五年（1658）中进士，由翰林院庶吉士、日进起居注官、侍讲学士、侍读学士、内阁学士、礼部侍郎、工部尚书、户部尚书、刑部尚书、吏部尚书，直至康熙四十二年（1703）拜文渊阁大学士。他曾任康熙皇帝的老师，后来官职等同宰相，一生升迁28次。他是康熙皇帝的股肱之臣，参与国家政务军机40余年，康熙盛世的形成有他不可磨灭的功勋。他一边主政经国，一边文化兴国，主持编纂了《康熙字典》《佩文韵府》《明史》和《大清一统志》等传世文化典籍。康熙皇帝在花甲之年为他御书"午亭山村"匾额，以示褒奖。他去世后御赐挽诗，评价其"世传诗赋重，国典玉衡平"，以此送别。

陈氏家族荣盛自何而来？煌煌大院当中的书院和惠民祠就是最好的答卷。书院是普通农人耕读传家、改变命运的写照。陈家子弟走出山乡，出仕全国，无外这个途径。这张答卷可以一目十行匆匆浏览，而另一张答卷却有必要潜心阅读，读出新意，这就是惠民祠。清康熙三十一年（1692）陈廷敬父亲陈昌期逝世，他与兄弟们商议建造惠民祠，以光大祖上乐善好施的亲民义举。陈廷敬的曾祖父陈三乐是远近闻名的大善人，每遇灾荒都会节衣缩食，施舍茶饭以接济饥民。有年腊月，陈三乐患病，躺在炕上发汗退烧。邻人急着用钱前来求助，母亲告诉邻人第二天来取。陈三乐听见后叫住邻人，马上拿钱给他。母亲怕儿子病情加重抱怨他，他解释道："人家着急用钱才来借，拿不到心里更焦急。他焦急，我哪能安心，还是早点给他为好。"母亲不再抱怨，而是为儿子的善良高兴。

陈三乐言传身教，儿子陈经济，也就是陈廷敬的祖父同样善良，乡间流传着很多他行善的故事。一次，陈经济拿回一笔银钱，往炕洞里放时被本家一个游手好闲的后生看见。晚上陈经济睡得迷迷糊糊，觉得有人拨开门进了屋。他悄不作声，待那人伸手拿银钱时一把将其抓住。点灯一看，是那个后生。陈经济生气地责备他，怎么能干这等丢人的事情！说罢松开手，告诉他拿这些银子作为本钱，干点正事，不可再败坏门风。后生大为感动，改过自新，把生意做得风生水起，改变了自己的命运，也改变了家庭的命运。

到了陈廷敬父亲陈昌期这辈，家业更大，善事做得也更大。清康熙十五年（1676）发生灾荒，陈昌期把家藏的10万石粮食全部分发给附近饥民。看见村民度日艰辛，他拿出存放的所有借据当众烧毁，告诉大家往日的债务一笔勾销，受惠的民众无不感恩戴德。灾荒过后，有人在来往要道为陈昌期立碑颂德，一碑竖起，众人效仿，一通又一通，接连数十里，路边竖立了30多通碑石。

惠民祠，名副其实的惠民祠，铭记的是惠民，传承的是惠民，惠民是陈家代代相传的家风。

"几百年人家无非积善"，陈家宗祠袅袅的香火里，缭绕着，飘扬着，这生生不息的美德。就在这香火里，陈家繁茂、繁盛、繁荣！

长城

暗淡了刀光剑影，远去了鼓角铮鸣，岁月带走了多少黄尘古道，带走了多少烽火边城，却没有带走雄伟的长城。

长城，是一道绵延万里的磅礴巨构，是世界军事史上最宏伟的防御体系，是人类历史上空前绝后的浩大工程。1987年，联合国教科文组织将万里长城列为世界文化遗产。这让曾经被誉为世界中古七大奇迹之一的万里长城，又一次以非同寻常的雄姿在人类居住的星球上光彩照人。

资料显示，长城地带依傍我国最靠北的一条山系，坐落在北纬41°~42°，正好是高原山区向平川阔野过渡的地带，正好是半湿润气候与干旱气候的临界地带，正好是中国农耕民族与游牧民族区分的地带。相对而言，游牧民族所处的区域，气温较低，冬日酷寒，不如农耕民族的生存环境优越。若遇干旱少雨，游牧民族人畜生存艰难，此时南下抢掠就成为自救的方式。不甘遭受鱼肉的农耕民族必然自卫求生，围墙就是自卫的最佳道具。

右玉县长城

长城，就这么应运而生。

当然，横亘东西的长城，绵延几千年的长城，初生与延展的因素并不这样单一，还有不少复杂因素。恰是这些复杂因素，实证了长城的真实面目，见证了中国的真实历史。作为古代建筑的一个分支，山西长城虽然无法体现万里长城的全貌，但由于位置特别，留下了颇多刀光剑影，回响着颇多鼓角铮鸣。

盛衰岂无凭，长城是明证。

筑城以卫君

还没有看到长城的雄姿，长城就巍峨在我心中了。缘于教本雄伟豪迈的写真，缘于老师慷慨激昂的讲述，长城成为我童年、少年的向往。第一次登上长城是在八达岭，舞勺之年的向往，化作青春岁月的自豪。第二次登上长城是在慕田峪，青春岁月的自豪，化作而立之年的迷惘。人生的复杂，复杂了长城，但自豪没有丝毫减损。后来，与长城照面那就多了，多次在山西和长城会面，在宁武，在雁门，在杀虎口，在老牛湾，一次次遇见，一次次相看两不厌。

相会多了，不再是目睹长城的巍峨雄姿，开始琢磨长城的身世。当然，最先琢磨的还是山西的长城。山西在华夏文明史上，有着独领风骚的地位。在写下"独领风骚"之前，我脑子里还盘旋过"举足轻重""至关重要"这两个词语，这是奉行传统的言行方式，中庸、平和，不可言过其实。不可言过其实，不等于不可实事求是。这一实事求是，我只能锁定"独领风骚"一词。因为，形成国家的时段在山西，换言之，山西是生成国家的摇篮。公允地说，在中华文明史上，炎帝、黄帝作为很大，国家却没有生成。国家的雏形孕育在山西南部、汾河谷地的古平阳，山西是国家的摇篮也就天经地义。

山西在中华文明史上有如此重要的地位，那么长城呢？

资料显示，山西同样不可小觑。山西省人民政府参事室主编的《三晋文史》标明，在全省11个地级市中，有9个现存长城遗迹。在119个县（区、市）中，有40多个或长或短，或高或低，分布着或完整，或残缺的长城。即使不说泱泱大观，也可说是群星璀璨。2012年，经国家文物局认定，山西长城总长1401.23千米，占全国的

9.73%。其中早期长城504.7米、明长城896.53千米。当然这个数字是就现今遗存的实物而言，不是古代长城经过山西的长度。尽管这个数字与以往所说的3500千米有不小出入，就这也名列全国第三。

这众多的长城遗存，可以分为战国长城、东魏长城、北齐长城、北周长城、隋长城、宋长城、明长城、清长城。其中以明代修筑的长城规模为最大，前后共修筑了154年。作为当时拱卫京都的屏障，明长城分为外长城和内长城。外长城长约450千米，从河北省怀安县延伸进山西省东北部的天镇县，向西，折向西南，经阳高县、大同新荣区、左云县、右玉县、朔州平鲁区、偏关县等地，直达黄河东岸；内长城长约400千米，由河北省涞源县延伸进山西省灵丘县，向西，再向西北，经繁峙县、浑源县、应县、山阴县、代县、原平县、宁武县、神池县、朔州朔城区，再至偏关白羊岭，与外长城会合。内外双重呼应，形成坚不可摧的铜墙铁壁。

够恢宏，够壮阔了吧？还有，还有沿黄河修筑的长城。从偏关老牛湾向南延伸，蜿蜒至河曲县石梯子；还有沿太行山脊的长城，从灵丘县牛邦口向南延伸，经五台县、盂县、平定县、昔阳县、和顺县、左权县，蜿蜒至黎城县东阳关。

最有意思的是，全国唯一的宋代长城也在山西，坐落在岢岚县王家岔乡。最不可思议的是，在黄河天堑壶口瀑布东岸，居然起伏着清代的长城。

曾经对《沁园春·雪》中的"长城内外，惟余莽莽"很不理解，此词写在红军东征途中。东征山西，要过黄河，写下"大河上下，顿失滔滔"自然而然。跨上东岸，距离北部的长城还很遥远，难道真是"视通万里"？非也，是毛泽东一踏上山西大地，就面对了盘踞在岸边的清代长城。

山西长城多，多次与我不期而遇。每次相遇长城，都如同置身刀枪剑戟的战场，都如同看见腥风血雨的厮杀，都禁不住发思古之幽情，念长城之莽莽，到底发轫于何时？思绪所以如此翻飞，是日益增长的见识颠覆了我以往的认知，秦始皇不再是长城的缔造者，只是光大者。此时，思接千载，急于揭开这个秘密。思接千载，其实是书接千载，唯有图书典籍可以将遥远的历史拉近眼前。《诗经·出车》写道："王命南仲，往城于方。出车彭彭，旟旐央央。天子命我，城彼朔方。赫赫南仲，猃狁于襄。"大意是，周王给南仲大将军发号令，派他去遥远的朔方筑防城。众多战车一齐出动，响声嘭嘭，旗帜漫空飞舞，斑斓又鲜明。周天子颁下号令，火速赶往朔方修筑防城。威名赫赫的南仲大将军啊，率军把猃狁一鼓荡平。

这里所筑的城，就是长城。徐永清所著《长城简史》一书对此的解读是，公元前9世纪，西周王朝为防御猃狁的侵袭，修筑了连续盘踞的"列城"。列城，即城堡，可以视为早期的长城。周宣王五年（前823）春末夏初，猃狁攻进径阳，盘踞到冬季，试图久占为业。周朝统帅尹吉甫率军抵抗，击退入侵者，乘胜追击，直至太原。此太原非如今的山西省会太原，而是甘肃省镇原县南附近。另有一支偏师由南仲统帅，北进作战，到达朔方。两支军队分别在太原与朔方修筑城堡。不只是《诗经·出车》歌吟此事，《采薇》《六月》都是这次出征的实证。

克隆与山寨，不只是当代人的专利，古人也精于此道。不过，那时候没有这样的名词，模仿与借鉴可能才是他们的时尚。自周宣王时筑造城堡，出现长城的雏形，之后屡屡修建，一发不可收拾。从春秋，到战国，百米、千米、几千米的长城时有出现，史学家称之"先秦长城"。先秦长城在山西有没有落地生根？有，奇妙的是那长城不是三家分晋后魏、赵、韩任何一家所建，竟然是秦国所建。秦国把长城修到了赵国的大地。

这事发生在一场名扬中外的大战中，即长平之战。关于这次战役的全貌，以后写到古代关隘时再细说。这里仅说长平之战秦国获得胜利，并非轻而易举，他们既挖空心思，又耗费民力。上将军白起抵达前线，没有急于进击赵军，首先截断了对方的粮道。《资治通鉴》记载："秦王闻赵食道绝，自如河内发民年十五以上悉诣长平，遮绝赵救兵及粮食。"秦昭襄王听说赵军的粮草通道被切断，兴奋地坐不住了，亲自赶到黄河北岸下达动员令，凡15岁以上的人一律奔赴长平前线。干什么？阻断赵国的救兵及运粮通道。如何阻断？办法就是修造长城。据说，该长城东起太行山，西至长治、晋城两盆地交界的沁河山谷。考察人员发现，这个范围内确实有长城遗址，西起高平市寺庄镇后山村北约1千米处的丹朱岭，经永禄乡向神农镇、陈区镇延伸，东至建宁乡荀家村，总长约75千米。保存最好的是寺庄镇后山村北的一段，长约2千米，基宽约4米，顶宽约2米。陈区镇李家庄村西北的长城遗迹南侧，尚存烽燧、障城遗址各1座。2000年，考古专家曾对此遗址进行试探性发掘，挖出的陶片证明该遗址确实属于战国时期的遗存。

典籍记载与考古发掘珠联璧合、相得益彰，这里就是山西最早的长城。

探访到山西最早的长城，探访到中国最早的长城，一个疑问跳将出来，为何古人会筑造长城？破解这个疑问，首先要搞清长城真是城吗？城，按照词义解释是城墙以内的地方，也是城市的简称。如此解读，长城这个称谓自然有点名不副实，确切地称谓应该是长墙。《吴越春秋》一书记载："鲧筑城以卫君，造郭以守民。此城郭之始也。"此处的郭乃是廓，一道为墙，合围为廓。城郭里面就是最早的国家。昔日筑造的那道长墙，等于当年的边界线，里面是国土与臣民，当然还有国君。这是最大区域的"筑城以卫君，造郭以守民"，称之长城也就合情合理。

鲧，何时之人？帝尧时的大臣，发明城墙是他最大的功劳。可惜，他用一种夯土筑城的办法，对应多种事物。堆土造堤坝，壅塞堵洪水。洪水越积越大，冲垮堤坝，淹没的范围更大，灾害更大，鲧成了罪人。失败归失败，成功归成功。鲧夯土筑城的创举影响了后人，城墙成为守护家园，防止敌人入侵的最佳基因。

"筑城以卫君，造郭以守民"，长城携带着山西大地的防御基因蔓延开去，日渐茁壮，日渐磅礴。

长城悲喜录

山西几乎与秦长城失之交臂。如果不是秦昭襄王赶赴长平前线，胁迫15岁以上的人全部挖土垒石，修筑长城，秦长城可能与山西绝缘。

秦始皇修筑万里长城，这在历史上是何等振聋发聩，却无缘山西这个北国屏障，怎么说也是不小的遗憾。为何秦长城没能在山西落地？这要从史书推断，秦长城连接了战国时期魏、赵、燕三国的长城。三家分晋后山西北部属于赵国的领地，东胡、林胡以及楼烦的骚扰让赵国分外头疼，迫使赵武灵王痛下决心，差点来个脱胎换骨。不，还不到那个份上，当时却引起轩然大波。相较游牧民族骑马作战的迅捷灵活，兵车和步卒则行动缓慢，根本不是对手。赵武灵王冥思苦想，得一良策，即胡服骑射。师夷之长，补己之短，以便抗击敌侵，稳操胜券。远隔时空看待胡服骑射，无外是改变服装的款式，不伤筋骨，似乎也就轻而易举。然而，那时绝非如此轻松，不是脱胎换骨，犹如脱胎换骨。流淌在骨血里的思维观念不变，胡服骑射断无可能。后来可能了，实行了，是赵武灵王得到了重臣肥义的支持，又恩威并施说服了持反对意见的贵族们。胡服骑射的变革，提高了赵军的战斗力，诚如《史记·匈奴列传》记载："变俗胡服，习骑射。北破林胡、楼烦。"赵武灵王并没有因此高枕无忧。如何办？如司马迁所写："筑长城，自代并阴山下，至高阙为塞。而置云中、雁门、代郡。"徐永清在《长城简史》中诠释，赵武灵王修筑长城在公元前300年至公元前299年。代，在河北省张家口境内；云中，即今内蒙古托克托县；九原，为今内蒙古包头市；高阙，乃今内蒙古东乌拉山与狼山之间的缺口；阴山，则是内蒙古中部东西走向的山脉，包括狼山、乌拉山、色尔腾山、大青山等。看看，长城与山西哪里有缘？尽管司马迁还有"置云中、雁门、代郡"的文字，可那只是辖域设置，看不见长城的蛛丝马迹。

如此看来，山西似乎与赵长城无缘。

偏偏就有一个雄踞于勾注山上的雁门关。此关南控中原，北扼漠原，战国时列九塞之首，名将李牧曾在此镇守。这又如何解释？历史总会留下扑朔迷离的奥秘。破解这个奥秘不是马上能够创造效益的应用题，不必急于求成，留待后人解答吧！

我首次参观雁门关长城已经过去几近20载，产生的感慨仍然没有淡化，仰望雄峙的关楼，环顾曲折延伸的墙体，首先想到的是要耗费多少民力。这自然因为童年记忆里，深深嵌印着秦始皇筑长城的故事，抓民夫，服劳役，妻离子散，家破人亡，白骨累累……高高横亘的长城，似乎不是青砖，不是石头，而是一个个饱含血泪的躯体堆筑而成。对我情感天地冲击最大的，自然还是入耳走心的故事孟姜女哭长城。小小年纪忍不住落泪，直替万喜良惋惜，直替孟姜女叫屈。长大了，明白了，秦始皇修筑长城，从现象看是防御边患，保卫国家。

背后潜在的图谋，则是要秦家天下万世永赖。司马迁揭示了秦始皇的图谋，《史记·秦始皇本纪》记有"燕人卢生使入海还，以鬼神事，因奏录图书，曰'亡秦者胡也'"。于是，"始皇及使将军蒙恬发兵三十万人北击胡"，进而"筑长城"。诡异的世事犹如魔术师，秦始皇哪知此"胡"非彼"胡"，不是北方马背上的那个游牧民族，而是他的儿子胡亥。他一蹬腿，胡亥便踢踏了他的江山。尸骨蘸着血泪堆砌的长城，对秦始皇，对秦国失去了所有意义。

依靠暴力修筑长城，不是秦始皇的首创，秦昭襄王自"河内发民年十五以上悉诣长平"，就是暴力修筑长城。15岁以上不分男女，不分老少，都被驱赶到工地，挖土垒石，其艰辛劳苦不可想象。长城始生，鲧筑城也罢，周筑城也罢，是弱者未雨绸缪的护栏。可秦国在长平战场则用弱者的手段割裂弱者，一举获胜，将长城的作用发挥到了极致。秦始皇修长城，肯定对此事了如指掌。他想利用长城让秦家天下"万世永赖"，一厢情愿的美梦往往是一枕黄粱。他没能享受长城这卫国护栏的作用，取而代之的帝王真是幸运，不劳而获得到了一份珍贵无比的遗产。利用好这笔遗产，即使不能万世永赖，也可以抵御暂时的风寒。

汉高祖刘邦就是那个幸运者。不幸的是，他并没有珍惜这笔遗产。《史记·匈奴列传》："高帝自将兵往击之。"这是讲汉高祖七年（前200），因为韩王信投降匈奴，匈奴如虎添翼，气势汹汹南下，紧逼太原城。怒火中烧的刘邦率军亲征，连续获胜，乘胜追击，恨不得一口将匈奴吃掉。未出雁门关，以和谈名义派出刺探军情的大臣刘敬回来了，劝说刘邦罢兵据守。刘邦急于求成，一心想灭掉匈奴，以绝后患，哪里听得进逆耳忠言。不仅不听，还把刘敬打入大牢。刘敬在大牢叹息时，刘邦已挺进关外钻入匈奴圈套，被围困在白登山。

时值隆冬，天气酷寒，汉军衣薄粮缺，眼看就要全军覆没。若是听从刘敬劝告，扼守雁门，何至于陷入困境？多亏陈平想出美人计，首先贿赂冒顿单于宠爱的阏氏；多亏阏氏害怕汉朝给单于进献美女弄得自己失宠，赶紧吹耳边风；多亏阏氏的耳边风吹晕了单于，加之该会师的部众未到，单于怀疑汉军有诈。这一连串的多亏挽救了刘邦，单于一松手，将他放了。

死里逃生的刘邦痛定思痛，吸取教训，放出被羁押的刘敬，提拔重用。这或许就是刘邦比历代帝王的高明之处，不讳过错，迷途知返。后来虽然不是对刘敬言听计从，可是刘敬献计和亲，刘邦是听了。自此，长城失去了防御价值，取而代之的是远嫁匈奴的汉家女。汉家女的自我牺牲换得了西汉休养生息的时机，60年间粮足了、钱多了、马壮了、车多了，由弱变强了。汉武帝继位后，倒是匈奴该换位思考，将汉家长城，变为胡地长城。然而，惯性思维仍然支配着单于的行为，非但没有转攻为守，反而肆意南下抢掠，占小便宜吃大亏的时候就要到了。

元光六年（前129），卫青奔赴疆场，率兵从上谷出击，千里进击，出其不意，攻其不备，杀进匈奴大本营龙城，赢得西汉抗击匈奴的第一次胜利。《史记·匈奴列传》："将军卫青出上谷，至龙城，得胡首虏七百人。"继而，再次出兵，再次获胜，夺回了匈奴盘踞了一段日子的"河南"失地，即现今所说的河套地区。卫青这名字已让匈奴听得头皮发麻了，偏偏汉军当中再次刮起一股龙卷风，掀起龙卷风的是霍去病。霍去病率军所到处狂飙荡涤，摧枯拉朽，匈奴为之胆寒，为之魄散。哀鸿声声，哀歌阵阵：失我焉支山，使我妇女无颜色；失我祁连山，令我六畜不蕃息。

元狩四年（前119），一场大决战在史书上杀得血肉迸溅。卫青、霍去病舅甥联手出击，各率5万骑兵及数万步兵深入大漠，力求彻底歼灭匈奴。两军交战勇者胜，卫霍大军英勇胜过匈奴，智谋亦胜过匈奴，舅舅打败匈奴，外甥大胜匈奴，高歌凯旋。《史记·匈奴列传》记载："后匈奴远遁，而漠南无王庭。"

匈奴远遁，边塞安宁。

还需要筑造长城吗？无须，卫青、霍去病大军就是一道攻无不克、战无不胜的长城！

岢岚宋长城

一道堤坝蜿蜒在绿草丛中，前不见首，后不见尾，分外惹眼。走近观看，长坝由石头堆砌而成。石头多种多样，有块石，有片石，还有不起眼的碎石。块石最多，是堤坝的主体。片石是辅助，一旦有的块石厚度不够，就用片石补垫。碎石是补垫的补垫，块石，或者片石缺角有坑，碎石就招之即来，用微小的体积稳固庞大的堤坝。

这哪是什么堤坝，是长城，而且是全国罕见的宋长城。这道宋长城在岢岚县，西起青城山，东至横卧在五寨县境内的荷叶坪山。全长20余千米，保存完好处高约4.2米，顶宽约2.1米，部分地段还有炮台。有人在长城周边捡到过不少瓷片，专家一看马上断定是宋瓷。宋朝瓷器发达，国人普遍使用，平民用粗瓷，贵族用细瓷，大量精美瓷器行销海外。从繁华的太原到临近黄河的岢岚，山重水复、崎岖坎坷，间隔着260千米的路程。在这偏远的地方出现宋瓷，考古专家分析是宋朝军队使用后留下的残片。

　　打开地图查看，岢岚县不在山西的正北，为何要在这里修建长城？这当然与宋朝的历史地位有关。现在回望大宋，可以毫无愧色地评价，那是我国政治、经济、科学、文化成就达到一个顶峰的朝代。朝政的民主、生活的优裕、文化的繁盛，洋溢出封建社会少有的和谐氛围。可那也是一个外患连连的朝代，北方契丹族建立的辽国，西北强势立国的西夏，时刻危及宋朝的安全。交界地带烽火不断、狼烟不断，不仅遭受抢掠，还要屈辱赔款。至今，乡亲们数道哪个人无主见、撑不起门户，都说是"软怂"，其实是软宋。而与软宋相反的豪杰、英雄，则称之好汉。好汉，好在哪里？好在西汉的卫青、霍去病打得匈奴落花流水，不敢再侵犯边塞。好汉，用自己的血肉之躯筑起一道坚不可摧的长城。

　　宋朝之软原因多多，但是，失去长城这道防护，不能不说是根本原因。这是宋朝的伤痛，也是民族的伤痛。伤痛的制造者却是儿皇帝石敬瑭，将他钉在耻辱柱实属罪有应得，而且还应让他永世不得翻身。一个人私欲过重，就会鬼迷心窍；一个人鬼迷心窍，就会祸国殃民。石敬瑭就是鬼迷心窍的败类。从实说石敬瑭不是无能之辈，还算一员虎将。后梁军队和晋军在甘陵激战，晋王李存勖行动迟缓，军阵尚未摆好，后梁人马就杀将过来。顿时，晋军丢盔弃甲，纷纷溃逃，李存勖慌如丧家之犬。危急关头，石敬瑭率兵杀出，勇猛向前。梁军始料不及，被打得落花流水。败局变成了凯歌，得救的李存勖连夸石敬瑭是"将门虎子"。石敬瑭名声大了，欲望也就大了。欲望再大，他也不会有当皇帝的奢望。尽管后唐同光四年（926），他的岳父李嗣源当了皇帝，从此他飞黄腾达，连连高升，先后担任北京留守、河东节度使。然而，他与当皇帝的距离仍然很遥远。不过诡异的局势，很快缩短了石敬瑭与皇位的距离。

后唐长兴四年（933），石敬瑭的岳父后唐明宗李嗣源病逝，儿子李从厚继位。石敬瑭与李从厚当属平辈，这李从厚又没有什么显赫功勋，他当皇帝石敬瑭心里很不是滋味。石敬瑭还在生闷气，早有人篡了帝位。谁呀？李从珂。这下可气坏了石敬瑭。李从珂乃后唐明宗的养子，虽然有些武功，却也比石敬瑭高不到哪里去。为何你要抢位当皇帝？与其被你抢，还不如我抢！遗憾的是，自己动手晚了。也许，就在那时，石敬瑭铁了心要当上皇帝。

石敬瑭要当皇帝，自觉实力不足，不是李从珂的对手。自己无力，便借助外力。这外力就是与之为邻的契丹。驻守忻州，本是要他抵御契丹，他却私通契丹，向之求助。契丹国君耶律德光不憨不傻，没有好处当然不会轻易出兵。石敬瑭给人家送上的好处是割让燕云十六州，害怕人家不动心，外加每年贡奉布帛30万匹，还以儿皇帝相称。燕云十六州是雁门关以北的幽、蓟、瀛、莫、涿、檀、新、妫、顺、儒、武、云、应、寰、朔、蔚州。这是把现今山西北部、河北西北部的大好河山拱手送给了契丹人。关键是长城就在这片土地上，将长城割让给契丹，中原大地失去了最好的防护。如果以唇亡齿寒作比，那护卫中原的嘴唇失掉了，牙齿哪能不寒冷？自此契丹也好，辽国也好，南下中原长驱直入，势不可挡。宋太宗赵光义曾经亲率兵马，欲收复燕云十六州，可惜操之过急，没有打败辽军，还被辽军打得大败。他中箭落马，爬上一辆驴车颠颠晃晃逃了个活命。

亡唇难补，不补齿寒。那就补一点算一点，岢岚长城就是补唇之举。欧阳修在《乞免差人往岢岚军筑城》折子中奏道："臣近准朝旨，令于河北差兵士二千人往岢岚军修城。"《光绪山西通志》曰："旧通志……宋太平兴国五年，筑长城，沿天涧堡，今州北一里，俗名长城梁。"清代光绪年间修著的《续修岢岚州志》也称，宋太宗五年筑长城于草城川口，历天涧堡而东。

历史上最珍贵的宋长城缘此现于山西大地。

凭吊杀虎口

远近高低各不同。

我不知道苏轼有没有观赏过长城，却觉得他那描写庐山的诗句也可以对应山西长城。近观长城，坚固的墙体，高耸的关楼，磅礴气势咄咄逼人；远望长城，波折蜿蜒，能屈能伸，壮阔风貌辽远视际。俯瞰长城则是另一种英姿。如果把万里长城比喻成一条项链，那山西长城就是一个硕大耀眼的项坠。总体东西走向的明代内、外长城，在山西北部合围成一个椭圆形。这个酷似项坠的椭圆，东连太行，西接黄河，囊括了大同、忻州、朔州。之后分头南下，依傍太行山、黄河进入吕梁、阳泉、晋中一带。一个硕大耀眼的项坠跃然山西版图之上。

　　若是换一种眼光看，山西这如同项坠般的长城本身就是一条项链。既是项坠就有链环，既有链环，那就必然有链接的环口。有，环口众多，屈指一数，白草口、李二口、关河口、广武口、茹越口、大石口、大水口、北楼口、宁鲁口、水磨口、水峪口、镇川口、八岔口、胡峪口，看得人眼花缭乱。我喜欢这"口"字，在长城上其不是金口玉言的金口，不是众口铄金的众口，更不是张口吃饭的这口。这些口都是嘴。而长城上的这个口，代表的是国家，是最初国家雏形的大化。等于说，不论是穿过白草口外出，还是穿过李二口外出，抑或走出任何一个长城口，都是走口外，出国门。这是古人在有形的口中来来往往，今人虽然不再受古代关口的局限，可是思维却在无形的口中延伸，出口贸易、进口货物，无不是历史的拓展。

　　那一日，我出口，又进口，地点在杀虎口。杀虎口，自古就是烽烟不断的兵家必争要地。古称"参合陉""白狼关"，明代愤然称之

"杀胡口"，清代取胡字谐音改称"杀虎口"。明代愤然在何处？在于被他们视作胡人的游牧民族不断入侵，不断骚扰边塞。看看杀胡口这名称，何等霸气。我游走在杀虎口内外的那天，晨光温煦，蓝天如洗，心境明媚得如同春日。可那是秋季，从临汾出发一路北上，成熟的玉米、高粱和黍子，有的收了，有的正在被收获。农家收获着籽实，也收获着喜悦和祥瑞。将时光刻印的史书翻到古代，这祥瑞里便潜伏着骚动，预设着危机，秋高马肥，正是马背上的骑士扬鞭策马南下抢掠的时令。再抬头看时，杀虎口几个字，迷迷糊糊变化名字，一时还原为杀胡口，一时换位成胡杀口。确有那么一年，杀胡口变作地地道道的胡杀口。嘉靖三十六年（1557），明史中写有一场右卫城保卫战。右卫城驻扎的等于是守卫杀胡口的加强部队。然而，杀胡口变成了胡杀口，鞑靼骑兵将守卫杀死，冲进口里，包围了右卫城。右卫城不得不打响保卫战。

这场战争的引信是桃松寨。桃松寨看似地名，并非地名，而是人名，桃松寨是个女人，是土默特部头领之子辛爱的小妾。小妾的处境可想而知，桃松寨便降格纵欲，竟然与辛爱的手下甜蜜得如胶似漆。偷情败露，仓皇逃跑，跑进了大同总督府。说来总督杨顺真是自不量力，竟然收留了桃松寨，欲讨好嘉靖皇帝。辛爱闻知，派人讨要桃松寨，竟然遭到拒绝。鞑靼人气势汹汹发兵南进，杀胡口就在此时沦为胡杀口，士兵的鲜血迸溅在黄土地上。嘉靖皇帝得知时，鞑靼人早已破关而入，冲进口内，蜂拥包围了右卫城。他不敢再惹是非，赶紧派人送还桃松寨，巴望人家收手罢兵。

哪知被激怒的鞑靼人绝不收手，绝不罢兵，非要给嘉靖皇帝点颜色看看不可。颜色给足了，鞑靼士卒一次次冲锋，一次次攻城，鲜血洒在城上城下。然而，远在千里之外、坐在龙椅上的嘉靖皇帝哪能看得见。看见鲜血飞溅的只能是右卫城的军民，一个个生龙活虎的士兵，呐喊着将爬上城头的鞑靼小卒飞脚踢下城去，可眨眼间自个儿中箭倒在阵地。倒下来，冲上去，前赴后继，拼命抵挡来犯之敌的凌厉攻势。冲上去的何止士兵，将领王德也在城头坚守指挥。不料，鞑靼飞箭射来恰中王德，他惨叫一声倒在血泊中。群龙无首，如何坚守？右卫城危在旦夕。危难之际挺身而出的是在家休息的武将尚表，他登上城楼肩负起拼死卫国的使命。将士们重整旗鼓，厮杀，坚守；坚守，厮杀。从头年农历九月初一，坚守到第二年农历四月，长达7个月之久。直到迟缓的援军到来，疲困的鞑靼兵马才不得不从右卫城偃旗退走。

我在杀虎口进进出出，徘徊了几乎一个上午。杀虎口不单单是一道城墙的进出口，还有一个不小的城堡，里面容纳上千名将士绰绰有余。至少也像个瓮城，鞑靼人通过绝不那么容易，为何就会轻而易举穿越而过，包围右卫城？

史书的夹缝里隐藏着痛心的教训。《明孝宗实录》中保存着一份臣刑科给事中吴世忠的奏疏，深秋十月他前往大同巡视，荒野寂寥，寒霜铺地。士兵面色黧黑，军服难见本色。居室不见烟火，阴冷发瘆，"弱女幼男，裸体向日"取暖，问他为何如此贫困？回答一人服役，还要兼干劳差。所发军饷，一石扣银一钱，剩余的还要贿赂上级。食难饱腹，衣不蔽体，自是常事。问军官，曾否克扣军饷？回答是克扣，总管一石扣银一钱，管粮吏再扣二钱。而且，钱贵就发粮，粮贵就发钱。克扣上交给长官，早已是惯例。为防止军士买马逃走，人不足食，马不足料，饿不死即可。如此"军无必进之心，将无自守之志呀"！

这是明代边疆将领肆意贪腐的实况。

这是明代边疆士兵困顿萎靡的境况。

如此军队哪有战斗力可言，杀胡口只能沦为胡杀口。这种凄惨的景象，即使再有雄伟高大的长城，也如同虚设。这种凄惨的景象，不仅回答了杀虎口让鞑靼人畅通无阻的疑问，也能够印证明代为何会发生土木之变，让堂堂皇帝朱祁镇沦为阶下囚。是呀，既有外长城，又有内长城，城非不高也，池非不深也，顷刻土崩瓦解，是军心涣散，人人自保，没有丝毫的战斗力。史书记载，元至正十七年（1357），还在打天下的朱元璋得到隐士朱升计策："高筑城，广积粮，缓称王。太祖善之。"朱元璋当上皇帝，仍然不忘朱升所献良策，继续"高筑城"。《长城简史》写道："在明朝276年的历史中，几乎每一个皇帝都不同程度地修过长城，史书记载有20余次。"明代将长城称作边墙，因而人们说，有明一代，高筑边墙，"峻垣深壕，烽堠相接"，大有河山永固的气魄。

遗憾的是，长城永不倒，人心却早早倒塌了。

越过明代那巍然长城跨入关内，八旗子弟坐上了龙椅。康熙皇帝头脑清醒，他认为没有哪个朝代能够凭借长城免除边患。记载在《清圣祖实录》里的原话是："守国之道，唯在修德安民。民心悦则邦本得，而边境自固，此所谓众志成城是也！"

壶口清长城

1987年8月1日，烈日可能觉得立秋将至，加大能量彰显自己的声威。我和挚友张振忠乘坐一辆吉普车，翻山越岭，越岭翻山，经过5个多小时的颠簸，到达了壶口瀑布。风在吼，马在叫，黄河惊天动地的咆哮，一扫路上困倦，激扬得我想蹦想跳。蹦蹦跳跳回身上岸，猛抬头看到了山脚边的一道石墙。这僻野，这远山，为何会有一道石墙？左顾在蜿蜒，右盼也在蜿蜒，左顾右盼，还真不敢马虎这道石墙。仔细一想，哪是石墙，分明就是长城。可我从来没有听说过，吉县的黄河岸边有长城呀，纳闷。

返回临汾是夜难寐，伏在几案查阅资料，突然眼睛大亮，长城，这长城是清代为抵抗捻军而修建的工事。清同治七年（1868），山西布政使、提督陈湜所写的《修长墙碑记》，就是记载此事。修造长墙是因为饥民打出捻军的旗号聚集起义。星星之火，很快成为燎原之势。火势迅疾蔓延至皖、豫、鲁、苏、鄂交界地区，唯有秦晋两省相安无事。怎能无事，城门失火，殃及池鱼，梁王张宗禹奔赴陕西播撒火种。清廷当然不能放任，在他们眼里，这伙乌合之众自由泛滥，为所欲为。同治六年（1867），清廷派一路追杀捻军的提督张树屏驻守山西黄河东岸。张树屏下令自大宁县平度关往南，至乡宁麻子滩，在沿河75千米的山坡上修筑长墙。淮军树字营、铭字营、庆字营3500余名士兵，开山垒石，奋力抢筑。长墙依山修建，外高内低，前有护沟，中有扼门，方形炮台凸出墙外，瞭望哨、射击孔应有尽有。间隔不远，即有一座烽火台。西有黄河天堑做第一道屏障，加上这道长墙，不是铜墙铁壁，犹如铜墙铁壁。恰如守军的口号："安如磐石，永作屏藩。"若是仅看这段资料，那捻军这伙乌合之众不插翅膀真难飞过黄河。

偏偏没有插翅，捻军就越过了黄河。捻军不见得就是乌合之众，头领的学识并非一般官员可比。这不是美化捻军，而是实事求是。张树屏率兵修筑长城时，梁王张宗禹带着数万捻军，由甘肃进入陕北，转战延安，边走边点燃火种，扩大军队，渐渐进入宜川境内，占据了云岩镇。一看对岸戒备森严，干脆安营扎寨，驻军休整。休整也罢，不过是临时驻扎，却还要修建行辕，并在辕门上亲笔书写对联。一幅是"虎贲三千直达幽燕大地，龙飞九五重开尧舜高天"，另一幅是"赤手撑天复扶大明疆土，丹心捧日仍照汉代衣冠"。看看这对联的历史文化内涵，看看这对联的雄心壮志气度，谁还敢说这是乌合之众？

这是站在旁观者的角度评价捻军，而清军则带着皇权的偏见歧视捻军。在他们眼里捻军就是乌合之众，没人把他们正眼看待。瞧，乌合之众开始渡河，清军马上开炮。还没有打到队伍当中，乌合之众就一哄而散，挤挤攘攘退回西岸。不堪一击，真是不堪一击。可就是这不堪一击的乌合之众，却在当日夜里跨过黄河，向东挺进，在山西大地播撒火种。时间是十一月二十二日，白昼捻军败退是佯退。夜里三更，趁清军熟睡，他们越过冰桥，奇袭守敌。待熟睡的清兵睁开眼睛，捻军已经翻越长墙，攻进工事，击毙了清军都司张德豹、千总郝恭、把总米辅国等上千人。二十三日正午，捻军的旗帜已经飘扬在吉州府衙的大门上了。

铜墙铁壁，竟然无法阻挡乌合之众。"守国之道，唯在修德安民。民心悦则邦本得，而边境自固，此所谓众志成城是也！"此时回味康熙皇帝这话，真令人五味杂陈。先世防守国门不屑于修筑长城，后辈安定国内却不得不修筑长城。修筑起长城，还无法发挥长城的作用，这是多么犀利的讽刺。

山西长城能见证历史辉煌的原委，也能警示世事衰弱的病根，是一部浩瀚的立体《史记》，是一部象形的《资治通鉴》。而且将《史记》，将《资治通鉴》续写到了明清。其丰赡的内涵岂是一篇短文可以揭示清楚的。暂且就以唐代诗人汪遵的《咏长城》一诗作个小结：

秦筑长城比铁牢，

蕃戎不敢过临洮。

虽然万里连云际，

争及尧阶三尺高。

关隘

关，合拢，闭也。

关隘，险要的关口。《南齐书·萧景先传》记有："惠朗惠朗依山筑城，断塞关隘。"说穿了，关隘就是兵家必争之地。一方利用险要地势建城筑堡，保卫家国，恨不能牢不可破；一方集聚优势兵力攻关夺隘，奋力厮杀，恨不能势如破竹。

关隘写照着悲慷，飞扬着血腥。

昔日多少文人骚客，面对关隘无不怆然凄伤。西出阳关无故人，春风不度玉门关，雪拥蓝关马不前，更别说王昭君出塞，一上玉关道，天涯去不归……山西多长城，长城多关隘。位于代县的雁门关、偏关县的偏头关、繁峙县的平型关、平定县的娘子关、左权县的黄泽关、太谷县的马岭关、宁武县的宁武关、兴县的蔚汾关、汾阳市的黄芦岭关、吉县的乌仁关、永和县的永和关、大宁县的平渡关、晋城市的天井关、黎城县的东阳关、广灵县的直谷关……无不是镶嵌在长城上的锁钥。关隘并非全部设在长城上，险要地段也有，位于太原市北

偏关老牛湾

郊的天门关、阳曲县北的石岭关、盂县东北的白马关、灵石县西南的阴地关、和顺县东的黄榆岭关、灵石县北的冷泉关、原平市西北的石门关、广灵县的北平岭关、忻州市西南的赤塘关、静乐县南的两岭关……这些都是镶嵌在山西大地的历史结晶。

长城上下为史书增添了厚重的册页，关隘内外为尘世增添了辛辣的悲剧。如今狼烟消散，和风温煦，闲逸的关隘只能在岁月的风尘里一日一日破损老去，可是，想当初那一座座无不魁梧的身躯，就像喝断当阳桥的张飞那样，都有一腔方刚血气。看看这些关隘的誉称，"上党屏障""天险门户""晋冀咽喉""太行首险""晋北锁钥", 急忙翻开册页, 领略古关的青春雄姿以及这其中的悲壮世事。

思兮在雁门

"我所思兮在雁门。欲往从之雪雾雾, 侧身北望涕沾巾", 张衡遥望雁门关抒写了自己的忧思。是东汉那个发明浑天仪、地动仪的张衡吗? 是。张衡不只活跃于天文学、地理学等领域, 还拥有远驰神州、悲天悯人的文学情结。张衡无缘登临雁门关是他的遗憾, 也是时代对他的局限。我庆幸生活在当代, 便捷的汽车在畅达的公路上奔驰, 很快即抵达了雁门关。

置身关下, 举目仰望萦绕在关楼上的白云, 马上明白了称之雁门关一点不夸张。我来的时令早了点, 倘要是稍晚点, 一定会看到早归的大雁, 停留在长城垛口的石棱上喘息, 停留在关楼的房檐上换气。大雁在过关, 大雁竭尽全力才过了关。

雁门关, 也称"铁裹门""西陉关"。西陉关位于勾注山。陉, 为山岭的断裂处。此关建在断裂处的西侧, 因得此名。《唐志》载:"西陉, 关名也, 在雁门山上, 东西山崖峭拔, 中有路, 盘旋崎岖, 绝顶置关, 谓之西陉关, 亦曰雁门关。"雁门关东西宽约20米, 南北长约200米。关楼高拔出山巅, 与蓝天比肩接踵, 像是李白笔下高百尺的那座危楼。危楼北侧不远, 即是一座烽火台。当然, 同所有的关隘一样, 近侧还有守关将士驻扎的营房。

登上关楼, 雄劲与悲凉交织出"雁门关险气势雄, 大雁难越鬼神惊。得失安危系国脉，风中犹听兵声起"。这虽然不是我的诗句，却恰好贴近我的感受。是的，飒飒风鸣回响着远去的兵戈声。

在兵戈声中出场的是李牧。李牧时时都想淡化兵戈声。司马迁在《史记》中为李牧立传，评价他是赵国镇守北部边境的优秀将领。李牧长年驻扎在代地的雁门郡防御匈奴。他主管军队，还主管地方，有权任命官吏，有权收取税金。多数税金都用于守护关门，他为士兵们装备了最好的武器，严格训练骑马射箭。守卫烽火台的士兵及时换岗，不容有一丝倦怠。他不断派兵出关打探，对匈奴的情况了如指掌。这些可能一般将领都能做到，难以做到的是，李牧对士兵的那份厚爱，每天都要杀牛，让他们吃饱吃好。李牧的部队装备精良、训练有素，打败匈奴胜券在握。令人不解的是，李牧却坚守不出，从不与匈奴短兵相接。任他喊声骂声刀戈声，他严令将士紧闭关门，不越雷池。而且严格规定违令者处斩，法不容情。

军纪严明，哪有将士胆敢违背。因此，每有匈奴来袭，兵士只点燃烽火报警，只坚守营垒防卫，绝不出关应战。因此，连年守城，连年无功，好在将士没有丝毫伤亡。由此，匈奴认为李牧胆小怯战。赵国守边将士中也有人觉得将军胆小怯战，想是这样想，却没人不尊重李牧。

别人对李牧有想法都藏在心里。赵孝成王则不会如此，他召李牧回京连声责备，命他振奋精神，打击来犯之敌。李牧不强辩，不抗命，回到雁门关却仍旧我行我素。赵王发怒了，调他回京，派别人接替他的职务。

新任将领对赵王唯命是从，匈奴每次侵犯，都贸然领兵出战。结果可想而知，每战都败，士兵伤亡很多。兵士流血丧命，还不能保证边境上老百姓的安全，土地不能耕种，牲口无法放牧，边地雁门人心惶惶。这时，众人才觉出李牧确实高明，无不想念他。

一年后，雁门越来越混乱，民不聊生，怨声载道。赵孝成王不得不请李牧再度出山。李牧却闭门不出，声称自己有病。赵王知道李牧闹情绪，就强迫他领命守边，再次统率军队。这时李牧才说："大王一定要我去，那要准许我像以前那样用兵，我才敢接受命令。"

赵孝成王只得答应他。

李牧到达边境，继续按照原来的策略行事。匈奴前来侵犯，仍然坚守不出。一连过了好几年，匈奴一无所得，边民复又安居乐业。众人都说李牧的办法好。不过日子久了，守边的士兵还是滋生了怨气，长期不打仗，得不到奖赏，也得不到提拔重用，都希望与匈奴决一死战。李牧不急，依然经常派人打探匈奴的情报，直到匈奴将士都认为他胆小如鼠，才觉得战机到了。李牧迅速挑选兵车1300辆，精选战马上万匹，还选拔出曾经获得百金奖赏的5万勇士，以及能拉硬弓的10万射手，将他们全部组织起来进行军事演习。

准备妥当，李牧分散众人去放牧，满山遍野都是牧民。匈奴派出小股兵力袭扰，刚一交手李牧部众便仓皇败逃，被俘虏了几千人。匈奴单于听到这个消息，认定李牧确实胆小如鼠，立即率领大军浩荡开进。此时，李牧早已布下灵活奇特的战阵，从左右两边包抄夹击，打得匈奴措手不及，狼狈逃窜，十几万人马尽被斩杀。

初战获胜，全军上下士气大振，乘胜出击，消灭了襜褴，打败了东胡，迫使林胡投降，单于则逃到了很远的地方。赵军大获全胜，李牧声名大振，再没有人说他胆小如鼠。这一战打得匈奴胆战心惊，十几年规规矩矩，不敢骚扰赵国边境。

同样是雁门关，李牧守卫是铜墙铁壁，他人带兵却形同虚设。像李牧这样有胆有识、有勇有谋的将军，真比一座关隘还要重要。关隘可以修建，人才确实难得。李牧就是赵国的铜墙铁壁，可惜，赵王迁有眼无珠，根本没有把李牧当回事。秦国攻打赵国，根本越不过李牧这铜墙铁壁，只好挑拨离间，散布李牧要谋反的谣言。赵王迁竟然听信宠臣谗言将李牧处死。自己毁掉铜墙铁壁，秦军攻打赵国易如反掌，势如破竹。公元前229年，赵王迁沦为阶下囚，赵国灭亡了。

思兮雁门，痛哉李牧。

白骨叠长平

长平已成为一座无形的关隘。

我从安泽县往东，穿过太岳山巅岌岌可危的上党关曲行而下，四处寻访未见长平关；我从高平市西行，穿越发鸠山回环攀登，四处打听未见长平关。

史书记载，长平关发生过世界军事史上最大的悲剧。当时的惨状不可想象，不可思议，需要何等野蛮残暴的心肝才能做出那样的决断，才能下达坑杀的命令。停笔沉思，发现用词不确，用野蛮来形容长平坑杀，绝对是对那天人共愤之悲剧的轻描淡写。

因而，找不见有形的长平关，也有必要以无形的关隘还原那段历史。

长平关，位于高平市西北部与长子县交界的丹朱岭东麓。东西两侧皆为连绵的山脉，靠近隘口是一圆形地带，为高平到长子的交通要冲，历代皆是重要关口。《新唐书·地理志》："高平县北有长平关。"《元和志》卷十五也有相同记载："长平关，在县北五十一里。"为何会在长平关发生最惨烈的战争悲剧？时间需要拉回到战国时期，需要拉回到秦昭襄王"发民年十五以上悉诣长平，遮绝赵救兵及粮食"的事件。

事情的发端在公元前262年。秦昭襄王派兵攻打韩国的野王（今河南省沁阳市），一举获胜，占领此地不说，还将韩国拦腰截断，孤立了上党郡。此时，韩国人议论纷纷，有人主张将上党送给秦国，与之长期讲和。有人不同意，觉得这么拱手相让太便宜了秦国。还有人认为与其送给秦国，不如送给赵国，与之联手，共同抗击秦国。这正合上党郡太守冯亭的心意，立即派出使者前往赵国。不费吹灰之力就能得到这么大的地盘，何乐而不为？赵孝成王喜出望外，马上派人接收过来。

煮熟的鸭子飞了，秦昭襄王当然不甘心，立即命令大将王龁进兵上党郡。赵国在上党的驻军很少，一击即溃，残兵败将逃进了长平关。秦军乘胜追击，危及长平。形势非常严峻，丢掉上党不说，弄不好还会丢掉长平，赵孝成王赶紧派出大将廉颇前去抵挡。廉颇老谋深算，认为秦军气焰正盛，与之交锋，难免吃亏，干脆坚守城池，闭门不出。秦军远道而来，粮草运输困难，廉颇决计拖垮他们，因而固守城池，以逸待劳。秦军攻打三年，毫无战绩。如果就这样坚守，秦军必败无疑。旷日持久的战争，拼的不仅是物质实力，还有指挥者的心理素质。可惜，赵孝成王急于求成，废毁了廉颇不战制胜的大计。

秦军久攻长平不下，秦昭襄王也急。急是急，却不盲动，他采纳范雎的计谋，着手离间赵孝成王与廉颇的关系。秦国的间谍偷偷潜入赵国，到处散布流言："廉颇太老了，不敢和秦军交战。要是年轻有为的赵括领兵，早把秦军打得屁滚尿流啦！"不多时，流言蜚语在赵国纷纷扬扬传开。传到赵孝成王耳朵里，想想正是，三年多了，廉颇打不退秦军，不是害怕又是什么？干脆就让赵括领兵，给秦国点颜色看看。赵孝成王自以为高明，不知这恰恰钻进范雎的圈套。

历史的发展正如成语"纸上谈兵"所讲，赵括是赵奢的儿子，少时熟读兵法，极善谈论，每逢议兵，口若悬河，自以为能破百万雄师。即使率兵多年的父亲，也敌不过他的三寸不烂之舌。不过，父亲从不认可他，认为他那是纸上谈兵，根本无法实战。还有一位头脑清醒者，也看透了赵括的那点本事，这就是蔺相如。他劝赵孝成王："括徒能读其父兵书，不知合变也。"哪料赵孝成王不是赵惠文王，不听蔺相如之言。此时，赵括母亲也出面阻拦，将赵奢对儿子的看法和盘端出。这样也没能使赵孝成王醒悟，仍然固执己见。

公元前260年，赵括雄心勃勃来到长平前线。得知赵国换将的消息，秦国也改派大将白起为帅。白起不动声色，静观赵括举动。赵括果然急于建功立业，急于用胜利来证明自己的才能。他不再坚守城池，选择出兵进击，以歼灭秦军。白起暗暗高兴，还是不露声色。不是不露声色，而是大露怯色。赵括出城作战，秦军一打就败，一败就退。赵括接连取胜，不无得意，一鼓作气，乘胜追击。眼见赵军离开大营很远了，白起立即派出两支精兵反击。一支迂回包抄，将赵军截成两段，首尾难以相顾；一支直插赵军大营，端掉赵括的老窝，截断粮草供应。

闻此喜讯，秦昭襄王立即赶到黄河北岸，下达动员令，凡15岁以上者一律奔赴长平前线抢修长城，阻断赵国运送粮草。顿时，赵军失去活力，不再气势汹汹地进攻，只能坐地防守。白起颇有耐心，大兵不动，只派小股部队偷袭赵军。赵军疲于应战，战难取胜，锐气大伤，只能安营扎寨，等待援军。可援军被拦截在中途，根本无法越过秦国的长城防线。赵军陷于孤立无援的困境。总不能坐以待毙吧，赵括组织4支小队突围，都以失败告终。被围困46天后，赵军粮草全无，饥饿难忍，以致互相杀食。再不决战，就会全军覆没，不是战死，而是饿死，赵括只能亲自率军强行突围。

赵括披铠甲，戴头盔，跨战马，冲进敌阵。铠甲再厚，头盔再坚，也无法抵挡秦军的万支利箭。利箭射中赵括，纸上谈兵的将军摔死在马下。白起派兵挑起赵括首级，高喊赵军投降。饥饿的赵军将士看见主帅已死，无心再战，全部缴械投降。如果战事到此为止，白起的威名定将载入史册。可惜，白起竟然下令将40万赵军降卒全部坑杀，制造了世界军事史上最为罕见的惨剧。

曾经纳闷白起为何要坑杀放下军械的降卒？为何会凶残到如此地步？

利益驱动也，读到秦国的法规茅塞顿开。秦法规定，军队攻城围池斩敌首八千，野战斩敌首二千，皆可论功行赏。获得全功的军队，从普通士兵至大将，则可享受"尽赏"。赏格是凡有爵位的，从公士至大良造皆赐升爵位一级；大将、参、御奖赏更高，"赐爵三级"。大将自不待言，参、御是何职？御是车夫，参是参乘，又称"车右"。古代车战，车夫在中间，主将在左边，参乘在右边。御者不只负责驾车，还要保护主将的安全。达到大夫级别的，不只晋爵一级，还可以享受"税邑三百家"，赏奴隶六人、铜币五千六百个。达到卿级别的，每晋升一级，除了"赐税三百家"，还要"赐邑三百家"。赐税仅仅把税收赏纳给臣下，土地平民仍然属于公室。赐邑就大为不同了，是把城邑赏给臣下，作为自己管辖的封地。

重赏之下必有勇夫，可要获得奖赏并不容易。斩首拜爵的基本条件是，敌人首级的数量必须超过自己队伍的死亡数目。如果斩敌人数与己方战死人数相等，那么功罪相抵，不罚不赏。长平之战，秦军以围困赵军取胜，斩首极少，如果不坑杀降卒，大胜只有寸功，将不受奖，卒不获赏呀！

这就是残酷坑杀降卒的原因。

叩拜娘子关

山西的关隘中，我最为熟悉的莫过于娘子关。先前熟悉是记忆里的熟悉，后来熟悉是情感上的熟悉。高铁开通之前，从临汾进北京多坐绿皮火车，阳泉是必经之地，每过此地广播都会介绍娘子关这连接晋冀两省的名胜。早在1973年，娘子关就楔入我的记忆，时而沉睡，时而清醒。有一日沉睡的记忆蓦然清醒，清醒后再也无法沉睡，便进入情感熟悉阶段。从那时起，我明白了娘子关的娘子，是唐高祖的三女儿平阳公主。公主嫁给了平阳名将柴绍，因而才有了平阳公主的封号。这一拉扯，虽然远隔时空，平阳公主与我算是乡亲。既是乡亲，情感上便接近了几分，很想前往娘子关叩访。

初访娘子关是在2004年，到达关前即生出少有的敬畏感。关楼雄立，一侧是大山，大山没有关楼高；一侧是河流，桃河清水映高楼。拾级而上，脚下踏着石头铺垫的关道，石块有大有小，有高有低。或大或小，或高或低，表面都磨得水溜溜滑。正中间还有两道深深的辙印，光滑胜于石头面。晴日车轮碾压，阴天雨水冲刷，那都是岁月用刚与柔摩擦出的痕迹。岁月漫长，不是每处名胜都有和岁月并肩的机遇。娘子关与岁月比肩实属少有，据说可以追溯到战国时期。经历这样漫长的岁月，自然关城、关楼早经过多次换届更新。

展现在我眼前的这一届雄关，为明嘉靖二十年（1541）所建。城堡居高临下，建有东、西两座关门。东门为砖券城门，额题"直隶娘子关"。上有平台城堡，既可检阅兵士，又能瞭望敌情。西门实际弯转到了南面，青石筑砌，坚厚固实，透出轩昂气势。上有宿将楼，据说是平阳公主召集将领商讨御敌大策的关楼。门洞上额石刻"京畿藩屏"四个大字，可见娘子关地理位置的重要。关城还有承天寨、老君洞、烽火台、点将台、洗脸盆、避暑楼等十多处景点，传说都与当年平阳公主驻防有关，吸引着游人纷至沓来。何需如此琐碎环视，门楼上的两副楹联便活画了关城的环境与气势。"环境很美，楼头古戍楼边寨，城外青山城下河。气势不凡。""雄关百二谁为最，要路三千此并名。"

关楼上落座着平阳公主的塑像，端庄贤淑，一点也看不到肃杀之气。偏偏就是这样一位美貌娇娘，为大唐开国建立了不朽功勋。公主和柴绍婚后不久，父亲要在太原起兵反隋。这时，他们二人都在长安。父亲托人送来一封密信，要柴绍马上赶到太原。柴绍见信准备动身，撇下公主又不放心，带她走吧，怕引起猜疑脱不了身。公主不这么看，她认为自己是个妇道人家，不会引人注意。如遇变故也好设法藏身，催促夫君快走。柴绍觉得公主很有见识，当即告辞北行。

柴绍走后，公主也很快离开了长安。她没有东渡黄河赶赴太原，而是前往户县柴家的庄园。公主到达时正逢大旱，田地龟裂，禾苗枯焦,饿殍遍地。她果断决定开仓济民,饥民蜂拥而至,柴家的恩德随着粮食散播开去。户县与长安近在咫尺,一旦太原起事,便有兵士追杀,顷刻间就会大祸临头,如果没有力量抵抗,就等于引颈受戮。公主以看家护院为名,在饥民中挑选了一批年轻力壮的男子,组成了数百人的队伍。

时隔不久,李渊起兵的消息传到户县。公主不再遮遮掩掩,公开招兵买马,在户县放粮颇得民心,一呼百应,队伍很快壮大,成为一支浩浩荡荡的大军。首领是公主,军中又有一帮女人,因唐朝把女人叫娘子,故称"娘子军"。

户县周围原先就有几支反隋的队伍,为首的有史万宝、何潘仁、向善仁、李仲文、丘师利,他们的兵最强,马最壮,声威最大。公主马上派人前去联络,志在结为一体,形成合力,共图大业。义军各占山头,自立门户,如何能聚拢在一起?公主不只有胆识,还有心计,得知史万宝的得力助手是李神通,而李神通是李渊的从弟。他本在朝中为官,李渊起事后受到牵连,京师派人捉拿,才投身史万宝大旗之下。公主马上和李神通联络,说服史万宝与其结成了同盟,并肩作战。接着,公主又联络何潘仁的义军。何潘仁自恃势大,当然没有把娘子军放在眼里。公主三番五次派人前去,经耐心游说,何潘仁终于被打动,答应共同反隋。继而,公主将李仲文、丘师利等义军都整编到娘子军旗下。短短4个月,公主广散粮,募武装,联义军,组织起一支不可低估的力量。公主率军一举攻下了户县城,继而沿渭水西进,拿下了周至、武功、始平等县城。

娘子军的兴起，早该引起隋军的注意。活该隋朝灭亡，这样一支部队，隋将屈突通竟没放在眼里，认为一个女流之辈不值一提。可就是这不值一提的娘子军越战越勇，很快发展成7万人的大部队。这下屈突通不得不刮目相看，不得不紧急剿灭。岂料，堂堂大将屡战屡败，每回都栽在这个不值一提的女流之辈手中。屈突通威风扫地，娘子军威震关中，声名远扬。

李渊大兵一过黄河，就派柴绍前去迎接公主。待柴绍到来，他们合兵一处，不多日与李世民部队在渭北会师。李世民喜出望外，想不到公主能拉起这么一支大部队。而后，他们在李世民的指挥下，攻司竹，破阿城，为唐朝开国建立了不朽功勋。

攻下长安不久，李渊当上皇帝，国号称唐。随之，把这位心爱的女儿封为平阳公主。此时，河北窦建德自立门户，争夺天下，准备攻入山西。李渊命平阳公主率军镇守晋冀要道上的关隘。据说，有一次窦建德部将刘黑闼突然发兵，敌人来势凶猛，平阳公主自觉兵力有限难以抵挡，遂向太原求援。远水不解近渴，救兵一时难以赶到，娘子关危在旦夕。如何办？危急关头，平阳公主淡定从容，站在关楼看到遍地丰收在望的谷子，顿时计上心来。于是，她下令关内军民立即收谷子，熬米汤。然后将熬好的米汤趁夜色倒入关前沟壑，流到关外。刘黑闼远远看到大吃一惊，原以为关上守军很少才来偷袭，却怎么"马尿"成河？这要是唐军杀出关来，岂不是要吃败仗。他赶紧下令拔营撤退。平阳公主智退敌军的故事，至今还在娘子关流传。

平阳公主率军在此镇守时，关下清流环绕，河边芦苇蓬勃，春夏青青一片，秋冬苇絮飞扬，叫作"苇泽关"。平阳公主带着女兵每日上上下下，出入关隘，苇泽关被人们叫成了娘子关，一直叫到今日。查考文献，至今没有看到还有女将守关的记载，莫非娘子关堪称巾帼英雄第一关？

血染宁武关

"那闯贼知我擒他爱子，必然统领大兵，前来劫夺。这场厮杀非比小可，我军当预先准备，吩咐阵前，多排鹿角，广布蒺藜，头层藤牌手，二层火炮手，三层弩弓手，第四层长枪手，第五层攒箭手，必须人人奋勇，个个当先，国家兴亡，在此一阵成败，奏凯论功升赏。众将官！当一纶香饵在钩，要把鳌鱼钓，方得海波休！"

这段台词是戏剧《宁武关》中守将周遇吉的道白，真是一腔豪情，志在必胜。早在我初晓人事的年岁，宁武关就盘踞在我的精神领空。那是一出悲剧，道白里的闯贼不是别人，正是带领饥民起义的李自成。李自成带领众多兵马围攻宁武关，守将周遇吉自感难以取胜，抽身回府探望老母。老母深明大义，责令周遇吉拼死守关。为保贞节，老母令儿媳和孙子自尽，随即放火自焚。周遇吉虽雄心勃勃，怎奈寡不敌众，陷于重围，自刎身亡。《宁武关》用周遇吉一家为国捐躯的故事，熏陶观众忠君爱国的情怀。往昔，很少有人能够系统学习历史。历史知识、传统道义都是从戏剧舞台化入人心的。戏台上英勇悲壮，戏台下慷慨激昂，年少的我便在慷慨激昂的行列里攥紧了拳头。

宁武关，巍峨在国人的精神天地，也巍峨在史书当中。明崇祯十七年（1644），农民起义的风暴席卷秦晋大地。李自成在西安称王后，率大军渡过黄河北伐。一路上攻城夺关，势如破竹，很快逼近宁武关。宁武关守将正是周遇吉，他本是山西总兵，太原无险可守，他便退至这里，试图凭借宁武关坚固的工事，阻止起义军前进的步履。李自成勇猛无比，可勇猛不是他取胜的唯一手段。军至关前，没有立即开战，先是派平阳降将陈尚智劝降周遇吉副将熊通，又令熊通规劝周遇吉。哪知，周遇吉非但不投降，还怒斥熊通委身反贼，充当可耻的说客。怒斥一气，手起刀落，熊通身首异处。周遇吉当即派人把熊通的人头快马送往京城。

一场恶战无法避免了。

宁武关确实坚固，周遇吉确实英勇，李自成部众多次进攻都被打退。关城有火炮，起义军一旦进入射程，炮火立即轰鸣，无数鲜活的生命，不是倒在血泊里，就是被炸飞。速写那情景只能用惨不忍睹来记录。如此交战，起义军哪有取胜的希望。然而，起义军打胜了，拿下了关城。关城火炮再多，将士再多，多不过李自成的10万大军。大军前赴后继，踏着血迹一次次往前冲，一支支利箭射向城头。火炮终于哑了，起义将士更为勇猛，呐喊着撞开关门，涌进城中。周遇吉率残部抵抗，寡不敌众，很快被擒。起义军对他恨之入骨，将其悬吊于高竿上乱箭射死。射死还不解恨，又将尸体肢解。周遇吉的夫人刘氏同样英勇，带领几十名妇女匍匐屋顶，暗箭射击，起义士卒一个个倒下。义军怒火中烧，点燃房屋，在熊熊烈火中她们化作冲天光焰。义军杀红了眼，见人就杀，杀得片甲不留。何止是片甲不留，是童叟不留，妇孺不留。义军残暴得令人发指，每近一城，如果五日不降，攻破即要屠城。我所在的平阳古城幸免遭屠，反倒缘于守将投降挽救了近万平民的生命。

我来到宁武关时，是在和平年代。宁武关早已蜕尽血腥杀气，以平和的面目展现着高巍的身躯。关楼高，关墙也高，高近5米，全部由青砖包砌。青砖包砌关墙，关墙包围关城，环绕四周，约长3.5千米。关城与内长城紧紧相连，长城就是一道防线，还嫌防线不牢靠，在城北增修了一条长达20千米的边墙。城北山势巍峨，山顶加盖护城墩，墩上加盖一座阁楼，名为"华盖楼"。华盖楼不是为了观赏风景，而是能够纵目远眺，监视敌情，早发现，早布防，免遭敌军偷袭。如此坚固的关城，自然非一日兴建。查考资料，明景泰元年（1450）在旧有关址上扩建，成化、正德、隆庆年间均有修缮，弘治十一年（1498）扩展关城，万历三十四年（1606）为墙体包砌青砖……

固若金汤。

这是宁武关展示在世人面前的雄姿。可就是这固若金汤的关隘，被李自成义军七日摧毁，土崩瓦解。天下没有固若金汤的关城，只有固若金汤的风骨。起义军攻下宁武关进军北京，所到之处都是闻风丧胆缴械献关。进入北京，李自成与部下交谈，若是都像宁武关那样顽强抵抗，哪能坐进皇宫。是呀，宁武关虽然全军覆没，全城遭屠，可是，起义军也损失惨重啊！

我曾经很敬慕周遇吉的精神，然而，随着阅读的增多，视野的开阔，变得非常纠结。资料里有这样的史实，陕西米脂大旱，颗粒无收，民众吃光了树皮草根。知府上奏朝廷，有白银10万两，可安饥民。崇祯不给，陕西民变，之后才有了李自成率领的义军。崇祯不给的原因是国库无银，可李自成打开龙庭不仅白银尚有数千万两，而且黄金还有十多窖。真不知道崇祯皇帝是怎么想的？假若崇祯肯用些白银赈灾，解民饥困，还会生变吗？显然不会。如此，世人也就不会知道李自成这个名字，义军和关城军民也不会有那么多人血染宁武关。崇祯皇帝当然也不必急惶惶去煤山上吊寻死。周遇吉若是知道他誓死捍卫的皇帝，竟然只认金钱，对民生悯然不顾，他还会坚守关城，与军民浴血奋战吗？还会因固守关城，让义军士兵战死，让守关军民遭屠，让无辜生命化为冤魂吗？

真纠结，令人纠结。

偏关老牛湾

偏关老牛湾，该写老牛湾、偏关。

民谣唱道："九曲黄河十八弯，神牛开河到边关，明灯一亮受惊吓，转身犁出个老牛湾。"

神牛受到惊吓是想象，黄河在高高的山崖下弯来拐去却一点都不夸张。一曲黄河谣年年唱不休，一条黄河水滔滔向东流，向东流，流了不知多少年头。用年头来写照黄河向东流，实在有愧黄河，年头才有多少个，是帝尧钦定历法才派生出来的。帝尧距今多少年，考古发掘出的实物推断，也就是4300余年，即使再往前推，推到5000年，难道黄河才向东流了5000个年头？自然不是。无论年头多也罢，少也罢，黄河不计较，都默默无闻向东流。似乎黄河潜藏着什么秘密，有着漫长的憧憬。秘密是什么？憧憬是什么？如今，赶到老牛湾瞭望，嘻嘻，明白了，原来不舍昼夜，滔滔向东，是要赶赴一个约会，与长城相会。

老牛湾上有了偏关，人称是黄河与长城第一次握手的地方。这是阴与阳的相会，这是柔与刚的交融。黄河把阴柔之美演绎得淋漓尽致，不急不躁，不紧不迫，轻轻地流，缓缓地流，遇到阻碍不碰头，便回头。一个回头，两个回头，回环出罕见的黄河湾，老牛湾。真是老牛湾，那缓慢流过的样子，就像老牛耕田那般。长城来了，一反黄河缓慢柔和的常态，带着横空出世的气势，带着磅礴巍峨的气魄，带着凌厉肃杀的气派，猛冲过来。然而，到了河畔就收敛了威猛气势，悄悄与黄河依偎在一起。站在高高的山头上远望偏头关与黄河交会交流，犹如乞巧节的夜晚仰望相依相偎的牛郎织女。

自然之美，人文之美，交织出天地间最美妙的画卷。

当然，这是刀枪入库，马放南山，硝烟散尽，才祥和出的田园牧歌般的境界。

想当初偏关的出现绝不是这样，是刀光剑影的逼迫，是铁骑利箭的威胁，长城延伸到哪里，关城修建在哪里。

偏关，位于偏关县黄河边。与宁武关、雁门关合称"三关"，因其地势东仰西伏，故名"偏头关"。"雄关鼎宁雁，山连紫塞长。地控黄河北，金城巩晋强。"这是古人对偏头关的赞誉。偏头关历史悠久，地处黄河入晋后，折向南流的转弯处，为历代兵家争夺的军事重地。早在春秋战国时期，这里就是战场。"赵武灵王略中山破林胡，取其地置儋林郡。"偏关秦汉属雁门，隋属马邑，唐置唐隆镇，名将尉迟敬德在关东修建九龙寺。偏头关城形状不规则，东西长1100米，东、西、南三道城门均建有瓮城。城高10米，筑砌砖石，南门至西门一带，砖石大部犹存。西墙、北墙多为夯土墙，东部城墙已毁。明代除设置偏头关外，在崇山峻岭的长城沿线及重要通道上建起了22座关城，有桦林堡、老牛湾堡、草垛山堡、老营堡等。这些堡城的边墙现多数仅存夯土，唯有地处黄河岸边的桦林堡地段，约30公里边墙保存较好，全部包砖，高耸于河岸，甚为壮观。

甚为壮观，其实该是甚为坚固。壮观，是当代人带着游赏眼光看待；坚固，才是历代帝王将相修筑长城与关隘的目的。桦林堡、草垛山堡、老营堡，关城、堡城，都是防御之城。这里不是出征的关口，看不见"铁衣万骑向北去"的豪迈，看不见"呜咽悲笳壮心死"的悲凉，却能看见"迥戍危烽火，层峦引高节""壮志饥餐胡虏肉，笑谈渴饮匈奴血"的威武。更多看见的是，一旦刀枪入库，马放南山，就会呈现商贾往来的繁忙景象。偏关城堡记录着生与死的两极，战则南北交锋、剑戟拼杀，和则贡使络绎、商队接踵。老牛湾、偏头关，成了南北货物集散的大超市。老牛湾里，号子声声，商船挂帆，鱼贯而至；偏头关上，驼铃叮叮，商帮结队，迤逦前行。明代万历年间《宣府镇志》写道"塞上物阜民安，商贾辐辏，无异于中原"。每到交易时，这里人嘶马喧，人来车往，帐篷遍布，胡汉杂处，热闹非凡。

边关，摇身一变而为边市。

这景象来自明代的隆庆议和。隆庆议和前的明代，在中国历史上是一个很难用简单话语说清的时代。自从赶跑元人，明代北部就边患不断，几乎没有一天安生。建国之初，朱元璋派遣朱棣驻守北方，就是要遏制草原部族入侵。朱棣登基，先后五次北征，除前两次有所斩获外，其余三次都是无功而返。无功而返虽劳民伤财，但危害不算最大。最大的危害是与草原部族结下仇怨，留下了长久不息的战争隐患，不得不继续劳民伤财，一而再，再而三，修筑长城。可惜，长城坚固无比，威力有限，土木堡之变明英宗被俘便是最伤脸面的明证。皇帝的作为与不作为，都让边关弥漫着战火狼烟。好在明代有一帮见识不凡的士大夫辅政，隆庆年间蒙古鞑靼部发生纠葛，有要人来投。内阁张居正、高拱认为这是缓和关系的极好时机，立即派出使臣商谈。几经周折，和谈成功，百年仇怨经隆庆议和化干戈为玉帛。这个在史书里平庸闪过的年代，真应该用立体大字凸显出来。

烽烟消散，边境开放，关城、堡寨成为物贸市场。牧民来时赶着大批草原骏马，归时驮着用骏马、皮革换取的丝绸、棉布、茶叶。互市犹如内地逢集，开放之日，关城、堡寨将士披甲戴盔，列队城外。城楼之上，礼炮轰鸣，鼓角擂动，祝福这少见的盛会。不时还有将领、官员前来赴会，商品在交流，感情在贴近。

偏关，这战争关隘，转变为商贸边关。

楼阁

　　在古诗词里徜徉，时不时就需要抬头仰望，不经意间有一座楼阁便高耸于纸面。"昔闻洞庭水，今上岳阳楼"，这是杜甫笔下的楼；"南朝四百八十寺，多少楼台烟雨中"，这是杜牧笔下的楼；"昨夜星辰昨夜风，画楼西畔桂堂东"，这是李商隐笔下的楼；"卷地风来

秋风楼

忽吹散，望湖楼下水如天"，这是苏轼笔下的楼；"小楼一夜听春雨，深巷明朝卖杏花"，这是陆游笔下的楼。更别说还有李白，他那诗笔里的楼简直可以造一座关于楼阁的大观园，"故人西辞黄鹤楼，烟花三月下扬州""长风万里送秋雁，对此可以酣高楼""金陵夜寂凉风发，独上高楼望吴越""登楼送远目，伏槛观群峰"，还有更绝的"危楼高百尺，手可摘星辰"……多了，多了去了。

即使李白的诗楼不能建成一座大观园，中国诸多诗人的咏楼诗绝对可以合成一座大观园。不过，那大观园里的楼阁再美也是虚拟的，无法观赏，更无法登攀。要是想观赏，想登攀，那就来山西，山西才是古代楼阁大观园。道教有五凤楼、玉皇楼、玄武楼、梳妆楼，数不胜数；佛教有千佛楼、藏经楼、法藏阁、大悲阁，不胜枚举。更别说还有常见的钟楼、鼓楼、舞楼、乐楼、关楼、门楼等等。即使选粹拔精也可罗列不少，代县的边靖楼，长治的五凤楼，孝义的中阳楼，朔州的千佛阁，运城的春秋楼、御书楼……

可惜，星空浩渺无法尽及，只能先来个"探月"，先来个登陆"火星"，窥斑知豹吧！

情思秋风楼

天下所有的楼阁都是先有成物，才有诗人触景生情，妙笔生花，歌之颂之，当然这是就我所掌握的资料而言。有一座楼恰恰相反，来了个先有诗，后建楼。此楼在何地？山西省万荣县庙前村。

庙前村，大家一定不会陌生，那里有一座声名显赫的后土圣母祠。前面在祠堂部分做过讲述，阔大的院落，有正殿，有献殿，有全国独一无二的"品"字形戏台，还有一座全国独一无二的古代建筑，就是享誉神州的秋风楼。秋风楼就是和着汉武帝刘彻《秋风辞》的音韵而孕育，而诞生，而耸立的楼阁。至今2000年过去，虽然岁月的风雨曾经损伤了它高耸的身躯，但是，祖祖辈辈的尧舜传人总会及时修缮，呵护前人的建筑艺术和智慧结晶。

看看秋风楼的雄姿吧！整体高32.6米，即使前面有正殿坐卧，也无法掩饰其超拔的身高。楼高三层，面阔五间，进深也是五间，端端正正的四方形。四方形的台基稳健厚重，让上部的木柱廊檐风雨不动安如磐。南面为登楼的正门，周围砖砌花墙。东西穿通，东门雕字"瞻鲁"，似乎看见孔子正在杏坛上讲学；西门雕字"望秦"，似乎看见汉武帝正派卫青、霍去病去抗击匈奴。登上一层，再登上一层，二、三两层皆有碑石，上面镌刻的都是汉武帝的《秋风辞》。二层的那块碑为清同治十三年（1874）八月所立，高0.82米，长1.87米，篆体阴刻，嵌在楼内北壁上，碑体完整，显示着"阁迥凌霄汉，层楼耸百寻"的气度；三层的这块碑为元至元八年（1271）所立，高0.58米，宽0.73米，行草阳刻，笔画凝重，体态端庄，显示着"树色浮秦晋，河声荡古今"的风骨。最上端由十字歇山顶覆盖，可挡风，能遮雨，这冠戴比官宦的乌纱帽还要牢靠风光。

站在三层楼上向外眺望，美景入眼而来。迤逦的黄河来了，蜿蜒的汾河来了，似乎在赴一场天地约会，共同缔造让人间叩拜千年而不衰的盛会。汾阴呈现在光天化日之下，生殖之光，化育之光，由此喷放而出，辐射到神州的每个角落。坐在长安未央宫的刘彻，目光盯住了竹简上的字行，黄帝"轩辕氏祀地祇扫地为坛于脽上"。他神魂飞扬，思绪飞出未央宫，飞出长安城，飞到了汾阴处，那到底是怎样一个神秘的地方。他出发了，先是车辚辚，后是马萧萧，再是船悠悠。看吧，中流击水，划过黄河，顺风使舵，弯进汾河。站在船头纵目凝神的刘彻，不禁张嘴吟哦：

秋风起兮白云飞，

草木黄落兮雁南归。

兰有秀兮菊有芳，

怀佳人兮不能忘。

泛楼船兮济汾河，

横中流兮扬素波。

箫鼓鸣兮发棹歌，

欢乐极兮哀情多。

少壮几时兮奈老何！

这就是流传后世的《秋风辞》，时在汉元鼎四年（前113）。"怀佳人兮不能忘"，位尊人极的刘彻怀念的是哪位佳人？饱含家国情怀的文人喜欢将之解释为渴求贤才，怀念贤才。真是如此吗？恐怕佳人不愿为此削足适履。此时的刘彻虽然离生命的终点还有20余载的历程，但是还没能与汉武帝的谥号零距离。可是，称之汉武帝也无愧了。当初他坐上龙椅时是何等境况，汉代在匈奴眼里就四个字——软弱可欺。他无法想象，那个冒顿单于竟敢欺辱他的老祖母吕后，要与她"愿以所有，易其所无"。是可忍，孰不可忍！然而，老祖母忍了。之后，汉家女成为讨好匈奴的礼品，成为化干戈为玉帛的筹码，忍耐，忍耐，忍耐到他这个天子，还能忍耐吗？不，不能再忍耐了！抵抗，还击，步兵不成换骑兵，赵武灵王早就做出了示范。老将不成换少将，没有陈规今人创。卫青登场了，一军独彪悍，直捣匈奴龙城，让对手也尝尝挨打的滋味！霍去病亮相了，一队天兵飞降，来无踪，去无影，来似狂飙，去似闪电，焉支山收复了，祁连山收复了。卫青、霍去病舅甥联手，出北国，入大漠，千里进击，"匈奴远遁，而漠南无王庭"。汉，大汉，好汉，这就是刘彻光大祖业的崭新风采。

一代雄主，业绩巍巍；一代雄主，情感泱泱。内心的泱泱无法窥视，外在的泱泱豁然透亮。刘彻的情感先是寄托在阿娇身上，幼时玩耍，纯真地要给她盖一座黄金屋。金屋藏娇，阿娇幸运，阿娇幸福。幸福戛然而止，卫子夫入宫，她娇美而不娇情，娇美而不骄横。阿娇能给他的，卫子夫能给；阿娇不能给他的，卫子夫能给。他淡忘了金屋藏娇，阿娇再一娇情，他顺水推舟，将她推进了长门冷宫。"草木黄落兮雁南归"，雁南归无须多过问，归去来兮，自然而然；草木黄落兮，何需叹惋，寒霜杀不尽，春风吹又生。叹之非草木，是卫子夫，是韶华易逝，是青春不再，是无法展露当年的红颜。好在有人让他移情，奉上"一顾倾人城，再顾倾人国"的绝色美女，李夫人与他云游梦境。"兰有秀兮菊有芳"，何者兰秀？何者菊芳？唯有刘彻心知肚明。"怀佳人兮不能忘"，不能忘阿娇？不能忘卫子夫？不能排除，不能锁定，但此时刘彻最为挂怀的是李夫人，那个倾国倾城的李夫人。李夫人万千宠爱集于一身。偏偏李夫人不是日光，不是月光，居然是五更时分的一粒晨露，稍一恍惚就化为虚无。她患病了，她憔悴了，她已是明日黄花。对镜顾影，李夫人十分伤感。刘彻前来探视，竟然扭过脸去不见。堂堂皇帝无法再睹她的容颜。李夫人何止容颜倾国倾城，而且聪明也倾国倾城，她明白"以色事人者，色衰而爱弛，爱弛而恩绝"。她不能让皇帝与她爱弛，也不能让皇帝与她恩绝。她的生命走到了终点，刘彻与她的恩爱仍在继续。刘彻没有见到李夫人病中枯槁的面容，仍然惦着她的花容玉貌，他食不甘味，夜难入睡，有人投其所好，给他演绎了一把李夫人的幻影，刘彻陶醉了一番。再陶醉李夫人也是镜中花，水中月。镜中花无味，水中月无光，无味无光之物当然滋养不了刘彻的身心，慰藉不了他的神魂。

"怀佳人兮不能忘"，不能忘，"欢乐极兮哀情多"，哀情多。《秋风辞》中寄托着刘彻的情思。时令的秋季来临，"草木黄落兮雁南归"；年届不惑，岁月把刘彻拽进人生的秋季。

如果你有时间，一定要登秋风楼，在秋风楼上感受《秋风辞》别有一番滋味在心头。我们可以看到咏罢《秋风辞》的汉武帝继续放纵着他的情感，他需要美貌娇娘的侍奉，还想让人生不老，与美貌娇娘相依相守到永远。他追寻娇娘，追寻神仙。娇娘到手了，豆蔻佳丽，钩弋夫人带着李夫人的花容来到他的龙床，还为他生下龙子刘弗陵。这个龙子的降世，改变了汉朝历史的轨道。他寻求的神仙久久不见，仙药迷醉了他的心魂，巫蛊之祸发生了，太子死于非命，皇后卫子夫死于非命。刘彻闭上双眼成为名副其实的汉武帝时，只能让幼子刘弗陵继位。若不是霍去病的异母兄弟霍光忠心辅佐幼主，真难说大汉历史是什么模样。

凝结在秋风楼上的《秋风辞》吟诵的是往日情感，预兆的是未来兴衰。

醒世大中楼

大中楼是位于山西省临汾市的一座鼓楼。鼓楼，在古代是每一座城市不能或缺的设施。如今，在临汾南边的汾城，西边的隰县，北边的洪洞、霍州都有鼓楼。临汾城里的鼓楼，堪称这一带鼓楼群体中的杰出代表。为什么必须要建鼓楼，下面我会细说。

岁月变迁，风雨剥蚀，地震突发往往顷刻间就会使一座精美的建筑沦为废墟。这无法预知，无法抗拒，只能默认。无法默认的是另一种方式，人为的损毁，以革故鼎新的名义将文物视为糟粕。所以，本来司空见惯的鼓楼，变得弥足珍贵。所幸，临汾鼓楼历尽劫波仍然屹立。而且，搞清临汾鼓楼的兴废，会明白无数的世理。

临汾鼓楼基座呈正方形，青砖垒筑，券砌门洞，十字相交，贯通四条主街。主街是现在的实况，古代东西为街道，南北则是交通要道。东西两侧建有楼门，拾级而上，经40个台阶，可登上十多米高的台坪。台坪上竖立着12根通天大柱，大柱支撑着二层木构建筑。台坪开阔，不仅支撑上层，还是赏景平台，缓步走来能够环视城中的街道、房舍。要想看得更远，那就继续登楼。楼梯在一层内部，沿木梯上行，即达二层；二层之上，还有三层。层层登高，手扶围栏，可以将城市尽收眼底。这鼓楼确实很高，准确高度是43.76米，在我国现存的鼓楼中当属最高。

这已够高了，临汾市还嫌不高，在口舌里为之增高。据说有年冬天，长安城里来了三个客商，都想住客栈的热炕头。三位争执不下，主家忽生一计，让每人说出家乡的楼阁，谁家的高，热炕头归谁住。

山东客商抢先说："山东有个无影塔，离天只差丈七八。"

说完，满脸得意，以为热炕头该自己睡了。不料河南客商接着说："河南有个雨鼓寺，顶得青天咯吱吱。"

山东客商没戏了，河南客商正得意，山西客商不紧不慢地说："平阳府有个大鼓楼，半截子插到天里头。"

平阳，即今日临汾。山东、河南二位客商都愣了，热炕头自然归山西客商享用了。

这是个笑话，鼓楼不会高到天里头。楼身高，体量大，基座也要大，大到面积1600平方米。面积大，不足道；体量大，也不足道，为人称道的是气度大。大气度体现在一层门额的题词上，东面的题词是"东临雷霍"，指东边面对雷山和霍山；西面的题词是"西控河汾"，指西边不仅要控制近在脸前的汾河，还要控制那远在天边的黄河。而且，由"临"到"控"，从客观到主观，有了征讨降伏的意味。南面的题词是"南通秦蜀"，秦蜀显然是陕西和四川，越过黄河，跨越秦岭，直到天府之国，眼界够辽远了；北面的题词是"北达幽并"，并是太原，幽是幽燕，可以穿过太原直抵燕京。这眼界真够开阔！是的，见过的鼓楼不少，不少鼓楼都有匾额，匾额都有题词，那题词是什么呀，无外"钟灵毓秀""山河壮丽""锦绣江山"一类的赞美词。美是美，少有地域特色，像是我们先前用了好些年头的全国通用粮票。更主要的是，那些题词与临汾这鼓楼的题词相比，缺少了一种气度，一种指点江山、稳定乾坤的气度。临汾能有这般不凡的鼓楼，鼓楼又有这般不凡的题词，必然是因为这地方有不凡的气象。

临汾这鼓楼不叫鼓楼，而叫大中楼，就是这不凡气象的展示。临汾是帝尧初创"中国"、建立都城的地方，帝尧就在这里向各部落、部落联盟发布号令，各部落、部落联盟的首领常来都城朝贺、议事，自然气象不凡，绝非一般城市可比。

临汾鼓楼基座年代最久，楼上木构建筑屡毁屡修，至少重修6次。那么，最初兴建于何时？北魏时期。《北史》卷四十三列传李崇篇中记载："兖土旧多劫盗，崇乃村置一楼，楼悬一鼓，盗发之处，双槌乱击，四面诸村，闻鼓皆守要路。俄顷之间，声布百里，其险要处，悉有伏人，盗窃始发，便尔擒送。诸州置楼悬鼓，自崇始也。"临汾也不例外，鼓楼初建于北魏时期。由此可知，全国建造鼓楼不是为城市增添地标性建筑，增加美景，而是保证良好社会治安的需要。

　　现今登上鼓楼，不见有鼓，只有一口铸造于金明昌年间的洪钟。这是为何？到了唐代，李世民治世的贞观年间，道不拾遗，夜不闭户，出现了历史上少有的"空狱"现象。既然连监狱也空了，哪里还有什么盗贼？没有盗贼，自然不需报警，鼓楼也就闲置无用了。好在，那时候还没有钟表，打更报时也算是为人民群众办实事。于是，鼓楼来了个华丽转身，悬挂上了洪钟，每日晨昏钟声悠扬。在这悠扬的钟声中，人们"日出而作，日入而息，凿井而饮，耕田而食"，安居乐业。

　　不知不觉，日月交替，时光流逝，历史进入了新时代。创设鼓楼，变身钟楼，是焉，非焉，颇多含义。在新时代举步登楼，怀思今昔，自然会清醒头脑，明晰盛衰的道理。

奇葩祆神楼

介休三结义庙有座祆神楼。祆神楼而不是玄神楼，因为发音相近，常有人写成玄神楼。

古建大家柴泽俊先生评价祆神楼是古代建筑的精华，也是古代建筑的奇例。改用当今的流行话，不就是奇葩吗？奇葩，奇在何处，奇处多多。首先奇在一楼三用，或者说三楼联构。所谓三楼是本身为祆神楼，还肩负着结义庙门楼和乐楼的功能，将三楼集于一体，真乃联体妙构。其次奇在建造奇妙，一般这样高大的楼阁，下面多是秋风楼那样的高台基、厚墙体，看上去稳当牢靠。祆神楼却一反常态，下层敞朗无墙，中层平座勾栏，楼顶十字歇山，歇山与檐下腰间凸出的抱厦相连相守，别开生面。无厚重的台基支撑，避免了庞大建筑导致的呆板和笨拙，呈现的是空灵雅致与魁伟壮观。空灵雅致而不失魁伟壮观，矛盾的两面和谐相生，真乃奇葩！

一楼三用已够奇葩了，设计者还嫌不够，又增加一份奇葩，这座祆神楼还是介休城里的过街楼。从东、西两面过来，可以直接通过，径奔前程。若是从南面过来，可以左拐向西，可以右拐向东，当然，要是上香，登楼或进庙两相便易。至此观鉴，谁能不赞叹古代建筑的精妙。自然这精妙不是哗众取宠，而是因地制宜。为何？显而易见，节约用地。土能生万物，地可发千祥，每寸土地都是养育生命的宝贵资源，岂能随意占土地，盖广厦。那非建不可怎么办？祆神楼就是最好的典范，最好的样板。古人或许没有生态环境意识，没有生态文明的概念，不等于没有保护生态的行为。

至此，似乎已把祆神楼这奇葩抖搂得一干二净，似乎在下就要黔驴技穷了。且慢，最为奇葩的还在后面，祆神楼存在到今天可谓是九死一生，也可谓是死里逃生。试问，当今九州华夏，地大物博，哪处还有祆神楼？没有，不是少见，而是不见，不见别处有，只有介休有，祆神楼在中华大地独树一帜，彰显着中西文化融合的特质。

祆神为何神？道教没有，儒教没有，佛教没有，基督教与天主教也没有。祆神出自祆教。祆教即琐罗亚斯德教，最早流行于萨珊王朝时期，中亚各地信徒众多。祆教于北魏时期传入中国。北魏灵太后曾率领宫廷大臣及眷属几百人，奉祀祆教的火天神。从北魏到北齐，再到北周，都在鸿胪寺设有祆教的祀官。唐朝的东西两京都建有祆祠，东京2所，西京4所。在这些祠庙中"商胡祈福，烹猪羊，琵琶鼓笛，酤歌醉舞"，可谓极一时之盛。盛极必衰，唐会昌五年（845），迷恋道教的唐武宗不仅下令禁传佛教，而且限制外来宗教，祆教也不例外。崇拜火天神的火焰熄灭了，乃至绝迹。介休竟然敢冒皇家之大不韪，私藏祆神庙，实在胆大包天！

不是胆大包天，也属我行我素。介休不只有祆神庙，还有刘武周庙。刘武周庙不在城中，而在张壁古堡，就这也胆识不凡。你道这刘武周是何人？大唐皇家的死对头。李渊率兵打过黄河，在长安建都立唐，龙椅尚未坐热，就是这个刘武周，居然依附突厥，受封为定杨可汗，在唐朝起兵反隋的龙兴之地兴风作浪。没过多长时间，河东大地都成了他这可汗的天下。逼得李渊不得不派秦王李世民带兵东征，步步为营，渐趋北上，在鼠雀谷打败刘武周手下大将宋金刚。鼠雀谷位于介休西南，刘武周就在此屯兵指挥。刘武周败了，逃了，亡了，大唐一统天下，神威远扬，介休好不识时务，竟然还存留着刘武周庙。介休，真是有个性的介休。

与刘武周庙相比，我行我素的介休保留祆神庙、祆神楼，显然是一碟小菜。当然，介休人也不会生死不顾，拿着鸡蛋碰碌磚。看看如今的祆神楼，对面的正殿是结义庙。结义庙供奉着刘备、关羽、张飞，他们的大义至今为国人推崇。不顶风，不违抗，祆神庙悄然改换面目，变成结义庙。结义庙里藏奥妙，奥妙就在乐楼上，二层隐匿着祆神像。由此推想，当初刘武周庙也不叫刘武周庙，而是叫作可汗庙。可汗多多，你大唐风度大、气象大，外来文化兼容并蓄，还蓄纳不了一座可汗庙？当然，天不知道地知道，你不知道我知道，可汗庙里供奉的就是曾经令李渊父子头疼的刘武周。

世事远去，是非无须再论，也没必要去做黑白分明的价值定论。令人欣慰的是，介休留下了举国唯一的祆神楼。祆神楼承载着外来文化，承载着往昔多变的年代。那个年代，有文化引进，有文化碰撞，也不乏文化融合。

诗话鹳雀楼

今天能够看到的鹳雀楼，是永济市考证资料重建的一座新楼。似乎这楼与山西古建筑不搭界，但是，其名声比山西哪一座楼都要大得多。鹳雀楼高高耸立在全国四大名楼当中，而且身世久远，漏掉肯定是最大的遗憾。

四大名楼名声为何大？因为有诗文颂扬，诗文名作捧红了四大名楼。王勃的《滕王阁序》捧红了滕王阁，崔颢的《黄鹤楼》捧红了黄鹤楼，范仲淹的《岳阳楼记》捧红了岳阳楼。鹳雀楼呢？自然是缘于王之涣诗作《登鹳雀楼》。2000年鹳雀楼重建工程正在进行，我因为头年修复尧庙获奖，被邀去工地指导，那庞大的体量便震撼了我。竣工后登楼观赏，平畴开阔，黄河如带，太阳照在水面，光彩夺目，分外好看。一时间感慨万端，真想吟哦诗文，一吐为快。然而，哪敢？诗仙李白尚有自知之明，眼前有景道不得，崔颢题诗在上头，我岂敢斗胆！抚栏远眺，只能吟诵王之涣的诗作：

　　白日依山尽，

　　黄河入海流。

　　欲穷千里目，

　　更上一层楼。

古人说这首诗是千古绝唱，如今几乎人人会诵。中国歌咏楼阁的诗词很多，王之涣这首《登鹳雀楼》独占鳌头，即使谪仙人咏楼也难以胜出。他那首《夜宿山寺》里的楼，高到无楼可比，"危楼高百尺，手可摘星辰。不敢高声语，恐惊天上人"。《登鹳雀楼》则不同，除了能够看见"白日依山尽，黄河入海流"的高拔，还有"欲穷千里目，更上一层楼"的高超。这高超不再是鹳雀楼的高度，而是人生的高度，人生追求的新高度。哲思，哲理，在最为平实的诗句中油然而生。

鹳雀楼启迪了王之涣，王之涣升华了鹳雀楼。

那到底鹳雀楼是何等状况？资料显示，北周取代西魏，皇帝年幼，由大冢宰宇文护掌管朝政。都城建在长安，黄河以东地带，北周仅占据蒲州。蒲州紧依黄河，为河东重镇，兵家要地。近在咫尺的平阳，即今日临汾往北，均为北齐的地盘。宇文护为了镇守河东之地，在蒲州城西门外筑起高楼，以作军事瞭望之用。

鹳雀楼建成后又如何，不见有什么记载。似乎是在默默无闻地等待，等待一个出人头地的时代。隋代逝去，大唐到来，贞观之治盛况空前，却没有给鹳雀楼带来盛誉。直到女皇武则天主宰天下，鹳雀楼才名声远播。自然是因为王之涣来游蒲州，登上了鹳雀楼，写下了名传千秋的《登鹳雀楼》一诗。相传，《登鹳雀楼》一诗传开，不只是文人墨客喜欢，女皇武则天也分外喜欢。她问宰相李峤，这首绝句是哪位才子写的，朕要好好封赏他。听到赏封，李峤心生邪念，报出好友朱佐日的名字。朱佐日得到了彩绸百匹。从此《登鹳雀楼》一诗，就有了两个作者的争议，李峤这个东西害人不浅。诗人不幸高楼幸，鹳雀楼从此名声远扬。宋代沈括慕名游览，在《梦溪笔谈》中留下八个字："前瞻中条，下瞰大河。"沈括评价高低这里不论，只是由此可以看到，此时的鹳雀楼仍安然无恙。可惜，一种流行的"撒气病"毁灭了这座名楼。项羽入关，火烧秦宫，《史记》记载"火三月不灭"。金元光元年（1222），金兵与元兵争夺蒲州，"焚楼、橹，火照城中"。从此，鹳雀楼毁于战火，仅存故基。再可惜，再叹息，也于事无补。

救活鹳雀楼的是王之涣，他去世1000多年后鹳雀楼重新崛起。鹳雀楼因为王之涣的诗作，早就与黄鹤楼、滕王阁、岳阳楼并立为四大名楼，巍然耸立在尧舜传人的心中，一代一代的后世子孙却无缘目睹其雄姿。于是，修复启动，2002年新鹳雀楼落成。

诗作激活了一座名楼。

诗作永生了一位名人。

当然，这名人就是王之涣。王之涣当过什么官，很少有人知晓。那官实在太小，小得不值一提，在县衙里给县令打下手。可就是这个史书无法留名的小吏，在文学天地却赫赫有名。文学天地的名声，他不会预知，但是，那时他对自己的诗充满了自信。

相传，开元年间，有一天飘着雪花，王昌龄、高适、王之涣三位诗人去酒楼同饮。梨园助兴唱曲，三位诗人停盏聆听。王昌龄趁着酒兴对二位说："咱们三人以诗知名，不分高下，今天在此听唱，谁的诗入乐最多，我看谁就为优。"都说甚好。只听一位歌者唱道："寒雨连江夜入吴，平明送客楚山孤。洛阳亲友如相问，一片冰心在玉壶。"这是王昌龄的《芙蓉楼送辛渐》，王昌龄用手在壁上画出一道。接着，另一位歌者唱道："开箧泪沾臆，见君前日书。夜台何寂寞，犹是子云居。"这是高适的《哭单父梁九少府》，高适也在壁上画下一道。第三位唱的是："奉帚平明金殿开，暂将团扇半徘徊。玉颜不及寒鸦色，犹带昭阳日影来。"这是《长信秋词》，还是王昌龄的诗作。王昌龄得意地再画一道。歌者连唱几首，都没有听到王之涣的诗作。处于下风的王之涣并不着急，向高适、王昌龄逗趣："俗人只唱'下里巴人'。我的诗是'阳春白雪'，俗人哪敢近哉？"随即指着一位身穿紫衣的娇美歌妓说道："此子所唱，必是我诗。"二人正犯疑，紫衣女开口便唱："黄河远上白云间……"三人大笑。真焉，假焉，不必较真。王之涣诗作传世并非偶然，坎坷历程为他积攒了足够的能量。

诗作成就了王之涣，成就了鹳雀楼。

经典飞云楼

10年前我去万荣县游览飞云楼，导游解说飞云楼很高，却没说楼高23.2米，而是张口就说这是天下第一楼。

高是高，飞云楼要以高度称作天下第一楼还要打个问号。若是论精致典雅的程度，那就是与第一有差距，差距也不会大。明万历四十五年（1617）修葺碑写道："以高则数十仞，以围则九宫八卦，千楹百栋，层层叠叠，縣縣永永。以系人心，永志不忘也。"九宫八卦，是九宫分格，八方出檐，梁栿纵横，翼角翠飞，层叠交错，绵延不断，给人雄壮富丽之感。清乾隆十一年（1746）缮事碑记载："高楼耸峙，上接云衢。层檐叠角，如系而如飞。画栋雕梁，晖月而映屋。"碑石记载没有夸大虚饰，站在楼下来回打量，那巍峨挺拔之势，精致典雅之貌，不由令人啧啧称赞。称赞的何止是我，你看那些游客，指指点点，喜笑言谈，纷纷举起手机拍照。还有那些画院的学子，点染丹青，速写素描。勾画精细的，不仅画出形姿，画出椽头瓦角，把上面的斗拱都画得清清楚楚。一问，方知道他们是学习古建专业的；再问，才知道飞云楼的斗拱是古代建筑的一绝。

一绝，绝在何处？学子滔滔不绝的讲述，让我听得如痴如醉。或许是醉过头了，回家一想，只觉得好好好，美美美，好在何处，美到哪种程度，写不出一个字来。

赶紧补课，翻开《柴泽俊古建筑文集》才知道：飞云楼共有斗拱345组，可谓斗拱密布，变化多样，犹如云团簇拥，繁花盛开。这在古代建筑中，是最具特色的。他写道："内檐斗拱仅用在第一层金柱上，内侧出七踩，上置耍头；外侧五踩，叠压耍头两层，负载着上层平座檐柱。外檐斗拱第一层五踩重昂，平身科一攒，明间平身科置二大斗并列，出45度斜昂，各拱脊面砍斜，昂下加施小拱头，两侧出卷云式异形拱，耍头为单浮云，或三浮云，富丽严谨。第二层斗拱为三踩单昂，昂嘴扁平，不作如意头，明间置平身科三攒，正中一攒出斜拱，角科与梢间平身科联构一体，以资固济。第三层上覆盖重檐，檐下皆斗拱，下檐三踩单昂，上檐七踩三昂，平身科无斜昂，角科另加附角斗，上下两檐悬殊颇甚。二、三两层平座上都施翘头斗拱，二层为五踩双翘头，三层为三踩单翘头。二层以上斗拱中的昂嘴，或扁平，或卷曲，变化多样。耍头式样有蚂蚱头、单浮云、龙头等雕饰，交错使用，避免单调。整座飞云楼上的斗拱，造型多变，精致富丽，角科竟达32个之多，但无繁复杂乱之感，把一座高大的楼阁式建筑装饰得绚丽多姿，整饬劲健。"

这斗拱绝，确实堪称一绝，绝在变化。各层斗拱数量在变化，"二层为五踩双翘头，三层为三踩单翘头"；斗拱形体在变化，"昂嘴，或扁平，或卷曲"；耍头雕饰在变化，"蚂蚱头、单浮云、龙头"交错使用……飞云楼将中国古代建筑中各种式样的斗拱陈展在一起，犹如一座斗拱的博览园。

忽然想起，1998年失火后的尧庙启动修复，招标报名开始后，来一家古建队是万荣县的，再来一家还是万荣县的。最后中标的自然是万荣县的。万荣县的古建队多，施工质量高，竣工后的尧庙广运殿人人称道，原因不言自明，飞云楼就是最资深的根底和样板。

那飞云楼最早建于何年？清代碑刻记载建于唐贞观年间，当时这一带初设汾阴郡，建造东岳庙，飞云楼便是东岳庙的标高建筑。而且，此楼由大名鼎鼎的尉迟敬德督修建造，将李世民惜才用才的一段历史呈现了出来。

尉迟敬德是降将，原来在刘武周手下带兵作乱，李世民东渡黄河吃了他不少苦头，认定他是一员骁将。鼠雀谷大战摧毁了刘武周精锐之师宋金刚大军，李世民将尉迟敬德包围在介休城中。围而不打，招降了他。归顺未几日，尉迟敬德手下竟然逃走8000多人，唐将屈突通盛怒，绑缚尉迟敬德去见李世民。李世民命人给尉迟敬德松绑，还送给黄金供他用度。《资治通鉴》记载，李世民对尉迟敬德说："丈夫意气相期，勿以小嫌介意。吾终不信谗言以害忠良，公宜体之。必欲去者，以此金相资，表一时共事之情也。"

李世民坦诚相见，感动得尉迟敬德热泪盈眶。从此跟定李世民，擒龙跟着下大海，打虎随同上高山，危急关头三次救主。尤其是玄武门事变，救下李世民，射死李元吉，真是功勋卓著。功勋卓著，难免居功自傲。李世民宴请旧部，尉迟敬德嫌座次排名不如文臣，当众大发雷霆。大臣李道宗劝慰，他不听也罢，不该打得人家鼻青脸肿，眼珠子差一点掉出来。李世民找他谈心，我不忘你的功劳，你要配合我治理国家。治国需要君臣和睦，你不能再为所欲为。过去，我嘲笑刘邦容不下功臣，你的举动让我明白了刘邦杀韩信，也是出于无奈呀！这次我就原谅了你，你要自律，千万不要再惹是生非。这话尉迟敬德听进了耳朵，装进了心里，果然变乖了。后来干脆回到封地，规规矩矩度日。封地在何处？在今襄汾县汾城一带，原来为太平县。这地方离万荣县不远，尉迟敬德声望极高，由他监督兴建飞云楼自然合情合理。一座精品楼阁随之煌煌面世，几经风霜，现在屹立的飞云楼已不是唐代原貌，好在经典风范依然如故。

飞云楼外观精美，内涵丰富，存储着不少启迪当今的往事。

佛寺

"清晨入古寺，初日照高林。竹径通幽处，禅房花木深。山光悦鸟性，潭影空人心。万籁此都寂，但余钟磬音。"

佛光寺

我没搞明白唐代那个常建，大清早跑到佛寺里干什么，却明白我也大清早起来了，也跑进了佛寺，还专门挑选古老的佛寺往里钻。我必须往佛寺里钻，而且不止一次两次，不止一天两天，就为写这本山西古代建筑的书呀！

如今保留下来的古代建筑，除了各种大院，多在"三家"——皇家、道家、佛家。三家相比，皇家不如道家多，道家不如佛家多，佛家一家独大。即使不以多少论英雄、排座次，按照文物行当的价值评优劣、比高低，惯于清静无为的佛家也会将金牌挂在胸前。

中国最早的古代木构建筑在何地？在山西。

山西最早的古代木构建筑是何时？是唐代。

——佛光寺、南禅寺、天台庵和广仁王庙。

4座穿越千年的唐代建筑，除了广仁王庙是道家的，其余3座都是佛家的，不屡屡走进佛寺行吗？3座佛家唐代建筑，除了天台庵在平顺县，佛光寺和南禅寺都在五台山，那就先去五台山礼佛吧！

落地生根时

一头小毛驴驮着一个大文人，从南国到京师，拜祭过明十三陵转道西行，盘桓而上五台山，顿觉眼界开阔。进寺庙，拜佛祖，明代灭亡的愁云渐趋消散，心胸豁然空明。夜晚掌灯写下：

东临真定北云中，

盘薄幽并一气通。

欲得宝符山上是，

不须参礼化人宫。

　　这位大文人是明末清初的思想家顾炎武。他大笔如椽，寥寥几句，落定了五台山的位置，"东临真定北云中，盘薄幽并一气通"，不仅锁定位置，而且颇见气势。再寥寥几句，道出了五台山的可贵之处，"欲得宝符山上是"。此宝符当然就是佛寺，对顾炎武来说，散落在五台山山巅上、怀抱中的每座寺院，都是开化头脑的良药呀！

　　五台山地位非比寻常，以佛教四大名山之一而驰名中外，这是用宗教的眼光评价。要是站在古代建筑的视野看，五台山称作大观园、博物馆皆毫无愧色。如今，旅游已成为时代的活态经济，已成为朝阳产业。游学实践更是这朝阳产业中的朝阳产业。游学实践需要基地，基地需要建设，五台山却是无须建设的基地，其无时无刻不在展示佛教文化和建筑文化。暂且不说佛教文化，仅就建筑而言。几乎每一座寺院，都是一部编修了无数年的巨著。

　　五台山现存佛寺55座，唐代建筑有南禅寺、佛光寺，金代建筑有延庆寺大殿、佛光寺文殊殿、宝藏寺圆觉殿、岩山寺文殊殿，元代建筑有广济寺大雄宝殿、永泉寺佛殿、三圣寺主殿等，明代建筑有殊像寺文殊殿、圆照寺三佛殿、碧山寺雷音殿和戒坛殿、南山寺大雄宝殿、南禅寺十王殿、公主寺主佛殿和毗卢殿、弥陀寺正殿、塔院寺木牌坊等，清代建筑有显通寺、菩萨顶、万佛阁、金阁寺、广宗寺、罗喉寺、镇海寺、古佛寺、台麓寺、吉祥寺、黛螺顶等，民国年间建筑有尊圣寺、十方堂、龙泉寺等。列出这么多，还只是举要，每个等字后边都可以络绎一大串。这些建筑如烂漫春花，花色多样、形姿各异。有的古朴苍劲，有的流光溢彩；有的宏阔秀丽，有的雕刻精细；有的重楼叠构，有的单体奇巧；有的雄伟壮观，有的娇俏富丽。恐怕请来当代诸多建筑设计师，八仙过海，各显神通，打造一个木作建筑研学基地，也未必能够像五台山这般花色繁多、品类齐全。

还有比木构建筑更胜一筹的砖石建筑。单体的有影壁、桥梁、涵洞、牌坊，附属饰品有勾栏、台阶、云路、群肩、堰头、方心、门楣、花罩、券面、角柱石等。这些石刻雕造，随物赋形，雅趣陡增，为建筑锦上添花，使之百看不厌。九龙岗和古佛寺的石牌坊，比例和谐、刀工洗练，在牌坊中出类拔萃；普化寺和尊圣寺的影壁，刻工流畅、庄重典雅，在影壁中独占鳌头；龙泉寺和台麓寺的石桥，结构严谨、镂刻工精，在石桥中荣登榜首。

为何五台山能够荟萃这么多的古代建筑精品？回答是自古名山僧占多。五台山风光太美了，自然吸引了众多的高僧法师。五台山之美，美在壮阔，美在壮阔还不失瑰丽。古人早就赞美，五台山有华山一样的危峰，有黄山一样的奇松，有庐山一样的云海，有衡山一样的挺拔。诚如《清凉山志》所载："左邻恒岳，秀出千峰；右瞰滹沱，长流一带；北凌紫塞，遏万里之烟尘；南护中原，为大国之屏蔽……

五峰中立，千峰环开；曲屈窈窕，锁千道之长溪；叠翠回岚，慕百重之峻岭；岿巍敦厚，他山莫比。"清凉山即五台山。这般景象真是超凡脱俗。出家为僧，就是要不屑于烟火尘色，就是要超凡脱俗，五台山真乃首选人间仙境。

说仙境，便牵出一则神话故事。相传，远古时候五台山是一座海拔3000多米的火焰山，火焰熊熊，玉石俱焚，花草树木无法生根，飞禽走兽难以生存，自然荒无人户。意欲超度众生的文殊菩萨不愿去村落、闹市争夺地盘，试图在这无人居住的荒山开辟道场，弘扬佛法。用当今的话讲，首先要改变生态环境，让荒山变得适宜人居。治理荒山工程浩大，非一人一日之功，文殊菩萨却很快让荒山焕然一新。原来她借助了五位龙子的力量。东海龙王有一块又黑又大的石头，看上去没啥特别之处，只要往石头上靠一靠，疲劳就会消散，名叫"歇龙石"。文殊菩萨一使法力，歇龙石飘然升起，忽忽悠悠落在了火焰山。五位龙子看见了，慌忙追赶而来，别看五龙力大无穷，可是使出浑身力气，歇龙石纹丝不动。文殊菩萨笑着告诉五位龙子，劳驾他们把荒山摆置一下，再搬走歇龙石。五位龙子各尽其能，灭火平山：一起腾云驾雾，山火浇灭了；一阵摇头摆尾，扫出五个峰头；一阵吐翠喷绿，山峦草木葱茏。原先的火焰山变得风光秀丽，清凉无比，不说文殊菩萨将歇龙石归还五位龙子，单说世人便将此山叫作"五台山"。

虽然这是神话，可也看得出五台山与佛家结缘极早。早到何时？

东汉时期，某日夜晚汉明帝刘庄梦见金人凌空腾起，向西方飞去。次日大臣傅毅为他解梦说，身出金光的是西方大圣人，名号曰"佛"。刘庄一听甚是高兴，当即派出中郎将蔡愔、博士秦景和王遵等人西行迎佛。蔡愔一行在西域遇见了高僧释摩腾、竺法兰，将他们迎至洛阳。同时，一匹白马负重而行，驮载回来一批经书。后来寺院建成，为感念白马驮经之功，便以"白马寺"命名。这是佛教正式引进中国的开端，据说，也是五台山成为佛教场所的开端。最早这里的佛寺称作"大孚灵鹫寺"，后来改名"显通寺"。

问渠那得清如许，为有源头活水来。五台山成为佛教圣地，成为古代建筑大观园、博物馆，皆因为根深蒂固，枝繁叶茂。写到此处正要罢手，忽然想起一则轶事。唐咸通四年（863），日本僧人慧锷法师从五台山请到一尊观音像，欲渡海回国。乘船入海，行至普陀山与珞珈山之间的莲花洋，狂风突起，骇浪惊天，舵手慌忙掉头，躲进普陀山港口避风。风停浪平，继续启航，航行不远，狂风又起，骇浪复现，只得再度回港避风。再次出海并不着急，选择了个海阔天空的丽日，放心缓缓行进。岂料，骤然间乌云翻滚，狂风席卷，航船自动掉头。回到普陀山，慧锷法师长叹一声，不敢再强行带着观音像渡海。当地佛门弟子闻悉，抓紧建造佛寺，将这尊观音像供奉在普陀山。此后，普陀山便成为观音菩萨的道场。

之前，我只知道明初洪洞大槐树移民，安居乐业的平阳民众无一人愿意背井离乡。官家无法向上交代，只好张贴榜文告知，凡不愿意离家的人，都到大槐树下登记。众人纷纷涌来，官家看见来人不少，一声令下全部缚手强制迁走。我由此知道平民恋土爱家，不愿舍弃故乡，哪知道观音菩萨也是这般，不愿漂洋过海远离中华宝地。观音菩萨的思乡浓情，感染着五台山僧众，连忙供奉朝拜。如今走进显通寺观音殿看得见一尊"不肯去观音"。

瑰宝世间无

瑰宝世间无。

这话说得是不是有点大？不大。如此评价不是在下的妄言，而是出自名家权威之笔。哪位名家权威？曾任中国佛教协会会长，又是书法家的赵朴初先生。他在1977年8月偕外国佛教界人士游览五台山时，挥毫写下《五台杂咏》四首，其中一首写道："二唐寺，瑰宝世间无。千劫何缘存象法，明时自不失玄珠，沉晦庆昭苏。"

瑰宝世间无，是赵朴初先生对二唐寺的评价。二唐寺，就是兴建于唐代，至今依然幸存的五台山南禅寺与佛光寺。在二唐寺中，南禅寺早于佛光寺，地处五台县李家庄，寺内大殿西缝平梁下的墨书题记为："因旧名，岂大唐建中三年岁次壬戌月居戊申丙寅朔庚午日癸未时重修殿法显等谨志。"唐建中三年（782）为唐德宗时期，距今已有1240年之久。南禅寺不是一位百岁老人，竟是一位千岁长老，在无人问津的冷寂年头其能安然存世，而如今处于文物意识觉醒的年代，其生命肯定会越千年，再越千年，你怎能不心悦诚服地叩首膜拜呢？

删繁就简三秋树，这是叩拜南禅寺大殿的观感。从清代古建筑上溯，穿越明、元、金、宋回到五代与唐代，便是一个删繁就简的过程。自然也可以不回溯时光，从唐代飞流直下至清代，那便是由简朴到繁华的过程。我们完全可以将之视为建筑技艺不断提升的过程，也可以视为人类知识不断积累的过程，但是，任谁也不可忽略古人的聪明才智。南禅寺大殿与清代古建相比简单得不无拙朴。殿身面宽、进深各三间，有月台凸起，却只有殿前，省了殿后；冠戴当然不能少，却是单檐歇山顶，省了重檐；四周有檐柱12根支顶，除西山墙3根是抹楞方柱外，其余皆为圆柱，省了费时加工；柱头需要阑额联系，转角处阑额却不出头，其上也不用普拍枋，省了一道工序，并没有降低建筑的承重能力。丝毫没有过度装饰，像是朝气蓬勃的青年，不用披挂华丽衣裳也呈现出无限活力。

　　外观拙朴，内在如一。殿内无金柱，4根椽栿（大梁）直接搭在前后檐柱之上，两端延伸到檐外，砍制成二跳华拱。梁上又复施一层缴背，两端延伸到檐外，砍制成耍头。耍头和华拱，都属于斗拱这个大家族。可见唐代的斗拱，不是外加的木构件，而是在一根木头延伸出头处加工成形的。看上去似乎不够精巧，可是，连接更紧凑，作用更牢固。实用与美观相比，实用永远属于第一位。还有更为实用的手法，平梁上不施矮柱，仅用两根叉手承托脊槫，简洁有力；梁架四角，只用大角梁而不用仔角梁，平直古朴。

　　文章写到此处写不下去了，耳边传来叽叽喳喳的吵闹声，嘲笑南禅寺大殿太土了，太丑了，该换身新的袈裟了。

老僧不语。是呀，自信人生数千年，会当穿越无数天，与袈裟无关，关键是要有一个稳固牢靠的身板。

叽叽喳喳者不是几位，而是一群，是那些袈裟时兴、头饰时兴、颜脸时兴的建筑。话音刚落，忽然屋动墙摇，哦，代州、五台、忻州地震了。

宋景祐四年（1037）十二月发生7.3级地震，建筑倒下了一批，南禅寺大殿安然无恙；宋建中靖国元年（1101）十二月发生6.5级地震，建筑倒下了一批，南禅寺大殿安然无恙；明万历十六年（1588）发生5级地震，建筑倒下了一批，南禅寺大殿安然无恙。明万历四十二年（1614）发生6级地震，明万历四十六年（1618）发生6级地震，清康熙三年（1664）发生5.5级地震，清康熙二十二年（1683）发生7级地震，清光绪二十四年（1898）发生5.5级地震，建筑倒下了一批又一批，南禅寺大殿始终安然无恙。

这是朴实无华的必然结果！

这是南禅寺大殿跨越时空直达今日的主体能量！

主体能量之外，还有一个不可忽略的因素。佛教曾经面临几次灭顶之灾，即"三武一宗"灭佛。"三武"，指的是北魏太武帝、北周武帝、唐武宗。"一宗"，指的是后周世宗柴荣。北魏太武帝、北周武帝、后周世宗柴荣灭佛，南禅寺还未建成，可是轮到唐武宗灭佛其在横扫之列啊！是的，时刻岌岌可危，唐会昌五年（845）敕令废佛，一声颁旨，举国行动，捣毁寺院44600余座，强令僧尼还俗26万多人。然而，南禅寺躲过了这一劫。为何能躲过这把佛家当作牛鬼蛇神横扫的皇家运动？五台山佛寺的分布资料有这么两种划分：台内与台外。台内，即五台山的中心区，寺院众多，香客众多，香火旺盛；台外则属于周边的村落，寺院稀少，香客稀少，香火寥落。台内大哉，台外小焉。平日台内香客如织，何等光鲜；台外则香客无几，何等荒凉。岂料，灭佛圣旨一下，那些光鲜的大寺一座座，或拆，或毁，沦为废墟。而荒凉的小寺则成为被遗忘的角落幸免于难。

世事无常，总会出现许多意外而又意外的事件。

中心区域内的煌大寺院，因皇家敕令被毁，无奈归无奈，遗憾归遗憾，并无后悔可言。后悔的是，唐武宗后再没有皇家下令灭佛，为何五台山仅有一座唐代的佛光寺存在？恰恰这座佛光寺也不在五台山的中心区域内，那该如何解释？解释还是中心区域内的佛院，香客众多，香火旺盛，富得流油。饭饱生余事，富贵同样生余事。橼头破了，修；大梁弯了，换。七修八换，面目全非，唐代建筑滑落为宋代建筑，宋代建筑滑落为元代建筑，一次次滑落，金子变成银子，银子变成铜片，铜片变为铁皮。落后未必不是金子，佛光寺的幸存或许就是这般道理。

富贵后的轻举妄动，或者就是毁坏文物的病根。偏偏世间什么药都有人卖，唯有后悔药没人卖。

深闺谁早知

二唐寺，瑰宝世间无。观瞻过南禅寺，该走近佛光寺了。

佛光寺，是在南禅寺落卧75年后才建成的。如果说南禅寺有点袖珍，如同小家碧玉；那么佛光寺亭亭玉立，极像大家闺秀。五台县豆村镇东北有座山，名为佛光山。佛光山上建造的寺院，名为佛光寺自然而然。

屹立于山间的佛光寺果然不凡，挺拔而起，风姿招眼。能建多么高呀，称之挺拔是不是有点过誉？不，一点都不过誉。佛光寺的高明恰在这里，没有建造在平地，而是在13米高的台基上架构大殿。台基用片石垒起，结实稳固，给了寺殿坚如磐石的基础。为何台基垒砌13米，而不是12米，或者14、15米？登上台基往侧面一转，立即明白了，原来后墙的立柱没有另安柱础，柱础由背后的山石直接开凿而成。巧妙，真是巧妙，巧妙地借助了自然山体。因地制宜，唐代工匠为世人树立了样板。在台基上，再增添90厘米的基座，这才立木打造七开间的大殿。七开间，比南禅寺三开间的大殿宽阔了好多。亭亭玉立在高台之上，称之大家闺秀绝非夸饰。可惜，大家闺秀藏于深闺，多少年不为人知。直到梁思成和林徽因到来，佛光寺才为外界称道。

瞧，梁思成一行来了。他们的形姿活跃在《记五台山佛光寺的建筑》一文中："1937年6月，我同中国营造学社调查队莫宗江、林徽因、纪玉堂四人，到山西这座名山，探索古刹。到五台县城后，我们不入台怀，折而北行，径趋南台外围。我们骑驮骡入山，在陡峻的路上，迂回着走，沿倚着岸边，崎岖危险，下面可以俯瞰田垄。田垄随山势弯转，林木错绮；近山婉婉在眼前，远处则山峦环护，形式甚是壮伟，旅途十分僻静，风景很幽丽。到了黄昏时分，我们到达豆村附近的佛光真容禅寺，瞻仰大殿。"

梁思成不只是赌气而来，也是慕名而来。说赌气而来，是1929年日本建筑史学者关野贞宣称："中国全境内木质遗物的存在，缺乏得令人失望。实际说来，中国和朝鲜一千岁的木料建造物，一个亦没有。"一个亦没有，难道偌大神州就没有一座唐代建筑？梁思成不信这邪。他为此事费心竭力考证已不是一天两天了，不只是赌气，是憋着中华儿女的志气。

说慕名而来那是实事求是。有一日，梁思成注目敦煌壁画，目光游弋在莫高窟第61窟西壁的《五台山图》。61窟又称"文殊堂"，为供奉文殊菩萨而修。文殊菩萨在佛界是无穷智慧的化身，其道场在山西五台山。唐代极为崇尚文化，去五台山礼佛成为仕宦文人的高雅之举。唐代是五台山佛教的极盛时期，怎么可能不建造寺庙？突然，大佛光之寺的名字吸引了他的目光，直觉提示他，那寺院的样貌就是唐代的。

去五台山，去佛光寺，敦煌壁画在为梁思成先生探寻唐代木构建筑导航。"斗拱雄大，出檐深远"，一见佛光寺东大殿，梁思成兴奋不已，佛光寺展露着唐代建筑的曙光。是的，若非唐代，哪个年头还有如此气象博大的建筑？跨进殿门，兴奋再加兴奋。74厘米高的佛龛上，有主像5尊，各附有五六尊不等的胁侍像。中间的主像是袒着右肩的降魔释迦，右手垂在膝上，作触地印，左手捧钵放在腹前，跌坐在长方形须弥座上。左次间的主像是弥勒佛，双膝并垂呈坐姿，左右脚下各有莲花一朵。这些都是唐代佛像最盛行的姿势，宋以后几近绝迹。唐代古建！这念头再次在梁思成脑中闪光。

右次间的主像同样让梁思成兴奋，阿弥陀佛跌坐在六角形须弥座上，衣褶从座上垂下来。释迦的左右，有迦叶、阿难两位尊者和两位菩萨侍立，再前面则有两个供养菩萨跪在莲花上，手捧果品献佛。弥勒佛和阿弥陀佛的诸胁侍，除以两菩萨代替两尊者外，一切与释迦相同。弥勒佛为螺发，阿弥陀佛是犍陀罗式发容。三尊佛像每尊都面颊丰满，口唇端正，眉毛弧形弯起。毫无疑问，这是典型的唐代风格！

唐代建筑，唐代塑像，唐代风格，足以认定这是唐代寺院。然而，考古、探求，不能轻易做判断，最好找到实证，梁思成何尝不是这样想。没有确凿实证，怎么说也是不小的遗憾。实测，考究；考究，实测。连续好几天，他们都沉浸在这座寺院。是日，夕阳柔和的光线射进大殿，大殿比任何时候都要亮堂。忙着测量的几个人突然看见四椽栿（大梁）下有模模糊糊的墨迹。林徽因抬头一看，隐隐约约辨出一行字，她激动地跳了起来。什么字值得她如此欢喜？"佛殿主上都送供女弟子宁公遇。"宁公遇，关键是这个名字。林徽因读出这个名字，不只是她激动地蹦跳，梁思成也跳，高兴地蹦跳。宁公遇这个名字在门口的经幢上出现过，经幢上刻有时间：唐大中十一年建造。这等于说，大殿与经幢同时建造，都是唐代建筑。佛光寺是唐代的建筑，这不再是他们从形制，从塑像，从风格推断出的结论，而是有了实物证据。唐大中十一年即公元857年，距1937年整整1080年，谁说我泱泱中华没有"一千岁的木料建造物"。唐代佛光寺默默无言，胜过千言万语！

可以想见，梁思成他们为自己的发现多么激动，为唐代建筑多么激动。是的，他们为民族瑰宝而激动，而自豪！据当时在场的莫宗江回忆，随着夕阳的落下，他们停止测量，在殿外的地上铺了一条毯子，拿出最好的罐头，野餐，庆贺。

这是1937年的7月5日，梁思成一行用考古发现粉碎了日本学者藐视中国无"一千岁的木料建造物"的断言！几天之后下山，一封电报发回北京营造学社，愁苦的同仁犹如看到了乌云后面的曙光。

佛光寺，真是提振民族精神。

惊险悬空寺

不能再沉湎于五台山了。台上台下，台左台右，都是佛寺。若是细细观赏，没有一年半载根本无法拔腿离开。忍痛割爱，得便再来，再来五台山饱享古代建筑的神韵。不用远去，周边的古代佛寺如群星璀璨，座座闪烁着时代的风采。坐落在大同市区西部的华严寺，气势宏伟，殿宇巍峨，红墙绿瓦，鸱吻高翘，显示着辽、金时期的建筑体貌。无独有偶，与华严寺同在大同市的善化寺，同样建于辽、金时期，同样是当时的建筑巨构。朔州城区崇福寺弥陀殿、应县净土寺正殿、繁峙岩山寺前殿、代县广教寺大佛殿、浑源永安寺传法正殿……都是古代的精粹建筑。三千宠爱到底该集于哪一身？

我锁定的是浑源悬空寺。可能以现存建筑的年代，与上述各座佛寺的建筑相比，悬空寺不是高辈分，属于小字辈的。然而，就其不甘落卧平地，而在悬崖上立身的惊险状况，就值得驱车驶近，仔细观鉴。悬空寺建造在北岳恒山。恒山与东岳泰山、西岳华山、南岳衡山、中岳嵩山，并称为"中华五岳"。叠嶂拔峙，横亘塞上，以东西绵延五百里、锦绣一百零八峰而称雄于北国。看看拔峙的山峰，再看看悬空高挂的寺院，不得不赞叹，寺院一改稳固牢靠的面目，显示出与恒山雄姿极为匹配的势态。

古人曾留下个空中楼阁的成语，那是对空想者的嘲笑。嘲笑其建造楼阁不要台基，不要下层，直接要上层，根本无法建成。恒山这寺院反其道而行之，坚决不要台基，不要下层，悬空建寺，没有人说这是空想，而是心悦诚服地称赞其聪明绝顶。站在对面的山头远望，毫无疑问，悬空寺是悬在高空的寺院，上头是直立的危岩，下边是无底的深沟，似乎风一吹那楼阁就会像树枝般摇摇摆摆，惊险，真真称得上惊险。当初是哪位工匠生出的这般奇思妙想！屈指数来，悬空寺共有殿阁40余间，禅房、佛堂、三佛殿、太乙殿、关帝庙、鼓楼、钟楼、伽蓝殿、释迦殿、雷音殿、三官殿、纯阳宫、三教殿、五佛殿、送子观音殿、千手观音殿、地藏王菩萨殿，一般寺庙供奉的菩萨这里有，它们没有的这里也有，三官殿、纯阳宫，早已越界，把道观建筑也收到自己麾下。如此众多的建筑是如何悬空建造的呢？

用当代语言诠释，是利用力学原理承载重量。古人没有力学概念，只会顺势而为，巧借外物为我用。壁立千仞，坚硬无比，凿开深洞，横插木头，这木头就是基础。上部勾搭建筑，无论多重，全靠这充当基础的横木支撑。横木上竖立支柱，支柱构架木梁，梁柱上下一体，廊栏左右相连，连接为一个和谐统一的殿宇。这些建筑，既不同于平川寺院中轴突出、左右对称的布局，也不同于山地宫观依照山势逐步升高的格局。每一处都依据崖壁凹凸，审形度势，顺其自然，层叠错落，变化多端，形体大小，随着空间的大小顺势变化。建筑结构有抬梁结构、平顶结构、斗拱结构，屋檐有单檐、重檐、三层檐，屋顶有正脊、垂脊、饿脊。外观楼中有穴，内看窟中有楼，楼连殿，殿连窟，窟连楼。半壁楼殿半壁窟，楼窟殿三位一体，密不可分，问世间何处还有？没有，唯有恒山悬空寺。

要上悬空寺，必须攀悬梯，跨飞栈，穿石窟，钻天窗，走屋脊，步曲廊，回环周折，左右盘旋，时上时下，幻若游仙。俯首下界，峡谷里河水长流，明亮如镜，将自身的影子重叠在水中的白云上，恍惚间不知头上是天，还是水中是天。

悬空寺确实是建筑奇观，玄妙的奇观，惊险的奇观。如此惊险，令人担忧是否安全可靠。不必多虑，那些建筑雨淋不漏，风吹不摇，大地震来了倒是随着摇摆，可木榫间的韧劲拉力，足以缓解地壳运动的暴脾气。那些我自岿然不动的山峰崩溃了，土崖垮塌了，悬空寺楼阁式的木构建筑，依然随遇而安。

攀至寺院，去看空间布局，更要赞叹工匠的精明。前面罗列出那么多殿堂，需要多么宽阔的地方呀！在悬崖上凿洞建房，实在太耗时费工，不可能像在平地那样大手大脚，随意挥霍土地。是呀，152.5平方米的面积上，布置众多殿堂，供奉诸多菩萨，必然要大开脑洞。结果是空间有限，布局紧凑，层次多变，错落相依，小中寓大，大千世界就在里面。

原以为惊险二字足以活画悬空寺的特点，岂不知殿中还有更加丰富的内涵。三教殿正中端坐的是慈善安详的佛祖释迦牟尼，左边是谦恭微笑的儒家始祖孔子，右边是清远豁达的道教祖师老子。一座不大的殿堂容纳了中华多元文化，三位始祖欢聚一堂，体现佛、道、儒和平共处。在漫长的历史中，总有那么些年头，搞得这几家水火不容，要么兴佛，要么灭佛；要么罢黜百家，独尊儒术；要么独宠道教，蔑视儒佛。悬空寺世所罕见，佛教解脱苦难，普度众生；儒家仁者爱人，和谐大同；道家师法自然，无为而治。

出世更入世

观瞻佛寺里的古代建筑，是视觉的享受，精巧的选址、精致的架构、精美的装饰，将技术、工艺、审美汇总在一起滋养双目。

观瞻佛寺里的古代建筑，更是精神的享受，目光所及，或惊险，或稳沉；或雄伟，或纤巧；或拙朴，或华丽，无不撞击着我的情感，缭乱着我既定的思绪。引发我重新认识社会，重新审视人生。

是的，佛寺里的精品建筑太多了，除了五台山那个精品星群，环视山西南北，到处都摆好了建筑精品的盛宴。随兴张口，就可以数出一串珍珠，当然在这里称作佛珠最为相宜。长子县的崇庆寺、平遥县的镇国寺、高平市的开化寺、浑源县的永安寺、洪洞县的广胜寺、交城县的玄中寺、天镇县的慈云寺、平顺县的大云院和天台庵，太多了，不能再数了，再数，数得眼花缭乱也数不完。毫无疑问，上面点到的佛寺，或主殿，或配殿，或塑像，或某一方面的饰物，都堪称精品中的精品。

精品多了，以我有限的学识，难以看透，难以厘清，难以写尽。只好自知一些，捡一个最小巧的精品观赏，说不定还能得点要领。你看，我已来到了隰县，走出了县城西北门，仰首一望，小西天已成为眼帘中的画卷。

记忆深处的一句话，随着眼帘中的画卷升腾出来，"兹山之高，不过数百步耳；兹山之大，止设数十榻耳"。记不起这是哪位先贤对小西天的评价，记得住是缘于这评价十分得体。小西天所坐落的山确实小，小到安放不下庞大的寺院，所以，一个小巧玲珑的佛寺出现在山巅。小西天可真是小，一个小字写照出佛寺的体貌，也体现出自身的谦和。

面对小西天我连发三次赞叹，第一次是站在山麓的感慨。小西天落卧在一个山头，这山头的两边还是山头。两边的山头超出中间的山头，如同两翼，而中间的山头就成了主体，活像一只振翅欲飞的凤凰。怪不得人称凤凰山，诚如也！而且，这只振翅欲飞的凤凰背负着一座精巧的寺庙，小西天随时可能翱翔天宇，俯瞰尘寰，多美啊！

第二次赞叹是走进寺院发出的。寺庙地盘不大，却铺摆出一个博大无比的佛家世界。有文殊殿，有普贤殿，有韦驮殿，还有无量殿，当然也少不了大雄宝殿。可以说，一般佛寺具备的殿堂，小西天像悬空寺一样，不因地盘小而缺少。在有限的空间营造出无限的胜景，便是小西天的特色。感慨当初的建造者没有因为山头窄小而填壑造地，拓展空间，而是因地制宜，依势建殿。低处落一院，建了几殿；高处造一院，再建几殿。前头后头有院有殿，上头下头有院有殿。高高低低，上上下下，前前后后，左左右右，院连着院，殿挨着殿，密集而不拥挤，紧凑而不逼仄，真是曲径通幽，错落有致呀！如此精巧的建筑，不得不叹为观止。

这第三次赞叹，是我伏地叩拜时生发的。为佛，也为佛殿，更为将佛塑得活灵活现，将佛殿造得生趣盎然的技艺而赞叹。彩塑并不罕见，但是像大雄宝殿这样的全堂彩塑就稀世罕见了。这里有圆塑，端坐在宝座里的大佛是也；有影塑，耸立在承重柱上的人物是也；有悬塑，层叠在山墙楼阁上的生灵是也。圆塑，端庄典雅；影塑，雍容华贵；悬塑则空灵生动，简直飘然欲飞。这些塑像有大有小，有疏有密，有虚有实，而且大小得体，疏密有致，虚实相间。大者，大得慈悲；小者，小得仁和。疏者，疏得舒爽；密者，密得紧凑。虚者，虚得飘逸；实者，实得真切。我在这座佛殿，这座艺术殿堂里顶礼膜拜时，耳边回响的旋律只能用两个字形容：绝唱。对，是绝唱，在全堂彩塑的艺术天地里，小西天显然是举世无双的绝唱。

三次赞叹过后，我对小西天那个小字更加珍爱。以小为名只是就外观而言，其实这外观的娇小丝毫也没有影响了内在的博大。我在小西天观瞻到的是小不掩大、小中见大的不凡意境。是何时何人主持兴建这佛寺，真是大胸怀、大气象、大手笔。一查考有了答案，小西天建于明崇祯二年（1629），其开山祖师为五台山高僧释东明。历经20余年精心施工才粗具规模，初称"千佛庵"，后来谦称"小西天"。清代以来，屡有修补增建，却没有超出明末勾画的空间。此刻小西天成为激发我思维的平台，我顿时感悟到精品是怎样炼成的。20余年一座小西天，就是一篇明古鉴今的论文。别说20余年，就按20年计算，人一生有几个20年。4个不算多，也不算少吧？即使再给一个20年，还能不能有所作为，需要打个大问号。当今，乐意付出20年做一件事的能有几人。人常说，耐得住寂寞，成得了大事。这话千真万确，可埋头躬行的又有几人。时代不同了，光速的切入改变了世人的生活节奏，一个快字主宰了行为主体。一切都快起来了，快没有错，可是由快派生出的急于求成，就成为一种急躁病。别说还有更严重的急功近利，以及急功近利导致的拔苗助长。

佛寺多有建筑精品，正是出世后淡定宁静所为，所致。滤净尘念，方能致远，于是出世的僧人，往往成就了入世俗子难以成就的精品，往往做出了入世俗子难以做出的贡献。这样说时，是我的思维跳跃到了西晋灭亡后的十六国时代，在平阳天龙寺出家的法显走出了平阳，走到了长安。又从长安出发西行求取佛律，那一年他已是65岁高龄。出发时并行着5位僧人，到达张掖又有5位僧人加入，一行十人，结伴成队。可是，随着艰难旅途的淘洗，矢志不渝的只剩三人。旅途如何艰难，试举一例。是日，天上飞来红中夹黑的云团，僧众刚卧地，那云团就扑过来，成了呼啸的沙暴。狂风卷着黄沙急速扫过，马背上的毛都稀疏了好多。三人咬牙前行，慧景倒在雪山上再没起来。千难万险抵达佛国，法显与道整每日礼佛学经，不觉间过去数岁。法显得到了很多经书并学会了梵语，能够翻译经文了，他决定回国。然而，畏惧途中艰险的道整竟乐不思蜀，滞留不归了。法显毅然踏上归途，历经风浪颠簸，乘船从海上归来。他带回了《萨婆多部十诵律》7000偈、《杂阿毗昙心论》6000偈、《方等般泥洹经》5000偈、《摩诃僧祇阿毗昙》1部……为祖国丰满了佛经宝库。归国后，年逾八旬的法显翻译了《僧祇律》、6卷本的《泥洹经》、36卷本的《泥洹经》，还著写了《佛国记》。

法显西行取经比唐玄奘早200多年，而且从陆地跋涉去，从海上乘船归，有人将其誉为"西行取经第一人"，有人将其誉为"跋涉'一带一路'的先驱"。无论后人如何评价，法显一概不知，他只知道决定的事就去干，再苦再难不回头。佛寺赐予法显的不是安逸，而是炼狱。出世的僧人为入世的众生做出了榜样。榜样既有有形的，也有无形的。有形的是那些精品古代建筑，无形的是不求功，不求利，默默无闻付出的品行。

石窟

"我本忘世人，有志在岩穴。"

这不是北魏人留下的诗句，作者是宋朝释文珦。我却固执地认为，此诗句可以诠释开凿佛教石窟的意图。毫无疑问，最早的佛门法师主持开凿石窟，就是要延伸佛法，超度一代一代的善男信女。石头开凿的佛窟与木材建筑的佛院，构成了礼佛的不同场所。相比木构佛院而言，石窟要少得多，原因很明显，开凿石窟更为费时耗力。石窟在山西古代建筑中，不处在主角位置。然而，石窟以其坚固的特质，不仅展示着自身的年岁，还用自身的风姿，印证着那些化为灰烬尘泥的木构建筑。

石窟，是古代建筑瑰宝中的瑰宝。

非常幸运，落笔要写古代建筑的时候，看到一份关于石窟的资料，2021年山西省石窟调查后公布的最新数字。资料显示，山西省石窟寺（含摩崖造像）共有481处，有54处为最新发现。其中，全国重点文物保护单位23处（石窟寺17处、摩崖造像6处），省级文物保护单

云冈石窟第5窟主佛像

位12处（石窟寺9处、摩崖造像3处），县（市）级文物保护单位148处（石窟寺96处、摩崖造像52处），登记文物点244处（石窟寺132处、摩崖造像112处）。

石窟寺分布最多的是晋中市，其后依次是忻州、长治、阳泉、临汾、晋城等地。年代最早的是大同云冈石窟，名声最大，利用最好的也是云冈石窟。云冈石窟闻名华夏，享誉世界，是世界文化遗产，是国家首批5A级旅游景区。太原的天龙山石窟及龙山石窟也已建成旅游景区，在国内享有盛名；大同的焦山寺石窟、吕梁的千佛洞、阳泉的开河寺石窟、晋中的石马寺石窟等，在当地，在省内，都已成为具有一定影响力的旅游景区。此外，作为国保单位的吕梁枣圪垯石窟、作为省保单位的太原岩香寺石窟，都正在加大保护、开发力度，朝着旅游产业迈进。

这已够风采迷人了，还有众多石窟亦绽放异彩，高平羊头山石窟、榆社响堂寺石窟、祁县摩崖寺造像、寿阳阳摩寺石窟、隰县七里坪石窟、乡宁千佛洞，无不因年深日久、工艺出众而名声远扬。

北魏凿瑰宝

如果要拍电视片，就从此时开机。时间为1932年4月，地点在山西大同武周山麓，主要人物是美国学者史克门。事件是这位汉学家和收藏家走进一户农家，看见有个小孩正在玩耍一颗陶珠。刚从云冈石窟出来的他，眼睛一亮，这不就是大佛雕像上的一粒眼珠吗？如此珍贵的宝物竟然流落民间，太可惜了，他马上掏出一块大洋买了下来。随着史克门的归国，这粒佛眼漂洋过海到了美国。时光到了1985年，史克门把这件文物还赠回来。牵线的是著名考古学家宿白，他在转赠信中写道："此物是罕见的文物。"

这罕见的文物，在我看来不过是沧海一粟。确实如此，这粒佛眼放置云冈石窟，只能用沧海一粟来定位。

云冈石窟在山西省大同市武周山的南麓，现存主要洞窟45个、附属洞窟209个，开凿雕刻面积达18000余平方米。佛龛1100多个，大小造像59000余尊。放到其中观赏，这粒佛眼真真是沧海一粟。

置身云冈石窟犹如在倾听声势浩大的交响乐，那叮叮当当的凿刻声在山崖上响起，有锤头碰击在錾子上的声响，有錾子尖凿在石壁上的声响，这边高亢，那边低沉，潮水般起起伏伏，激扬得脉搏也随之跳荡。一场音乐演奏会不过两三个小时，而这场演奏会一开演就是60载，从北魏文成帝和平元年（460）起，一直延续到北魏孝明帝正光五年（524），人类历史上还有这样恢宏的演奏吗？没有。因而，这恢宏的演奏留下了恢宏的瑰宝。

时光不匆忙，不跳跃，从从容容就过去了1500年。这1500年凸显了多少英雄豪杰，抹去了多少英雄豪杰；凸显了多少辉煌建筑，抹去了多少辉煌建筑。然而，云冈石窟非但没有被抹去，还更加璀璨耀眼于人世。1961年3月，云冈石窟被国务院公布为第一批全国重点文物保护单位；2001年12月，被联合国教科文组织列入世界文化遗产名录；2007年5月，成为国家首批5A级旅游景区。

好吧，暂且不要指指画画，仔细端详一下这些石头上的精品吧！从第一声锤音响起，到云冈石窟开凿声消失，大致可分为早期、中期、晚期三个阶段。

如今我们看到的第16至20窟即为早期石窟，平面为马蹄形，穹隆顶，外壁雕满千尊佛像。主要造像为三世佛，佛像高大，面相丰圆，高鼻深目，双肩齐挺，劲健而浑厚，质朴而庄重。这早期石窟，亦称"昙曜五窟"，因为是昙曜法师主持开凿的。《魏书·释老志》卷一百一十四记载："和平初，师贤卒。昙曜代之，更名沙门统。初昙曜于复佛法之明年，自中山被命赴京，值帝出，见于路，御马前衔曜衣，时以为马识善人，帝后奉以师礼。昙曜白帝，于京城西武州塞，凿山石壁，开窟五所，镌建佛像各一。高者七十尺，次六十尺，雕饰奇伟，冠于一世。"佛缘，真是佛缘。魏文成帝出巡巧遇昙曜是佛缘，帝乘骑的白马"前衔曜衣"是佛缘。有了这佛缘，昙曜才能进言开凿石窟。

中期石窟开凿于北魏迁洛以前的孝文时期。此时，北魏最稳定、最兴盛，全国的优秀石刻人才云集而来，云冈石窟的雕凿进入鼎盛阶段。历时40余年，完成了所有的大窟大像。现今看到的第1、2窟，第5至13窟，以及未完工的第3窟，都是那时的佳作。中期洞窟平面多呈正方形或长方形。有的洞窟雕刻中心塔柱，有的洞窟前厅后室；有的壁面上下分层，有的壁面左右分段；有的窟顶拱形弧圈，有的窟顶平棋藻井。题材多样，内容多样，手法多变，既突出了释迦牟尼与弥勒佛的主体地位，又展现了护法天神、伎乐天、供养人，以及佛本行、本生、因缘和维摩诘故事等。一言以蔽之，内容繁复，雕饰精美，不失大气。

晚期石窟如何？北魏迁都洛阳，皇家经国大业的重心转移，无暇过问开凿石窟的事宜，是不是草草收场？收场了，却不草草。皇家一身先，仕宦紧步跟。凿窟造像之风在中下阶层蔓延开来，亲贵、中下层官吏，以及居士、信众以开窟为荣显，以开窟求平安，以开窟祈富贵。他们不敢冒犯天威开大窟，就云集边侧凿小洞。小型窟龛从东往西布满崖面，如今看到的第20窟以西的洞窟，还有第4、14、15窟等200余座中小型洞窟，都是这一时期所造。洞窟不再串联成组，多是单凿一窟。佛像和菩萨的面形消瘦了，脖颈变长了，肩膀变窄了，离天竺风貌远了，距汉族样貌更近了。秀骨清像，成为这一时期造像的主要特点。佛教在汉化，佛祖在汉化，最为主要的是皇家在汉化，汉化的皇家在主导社会汉化。

如何汉化？

汉化第一家

人的思维有时候不由自个主宰。明明是云冈石窟引发了我对汉化的联想，想到的却是赵武灵王。简直是东拉西扯，赵武灵王是汉化吗？不是，本是汉人，何需汉化。赵武灵王是以胡制胡。胡人骑马侵犯边塞，疾速如风，即使赵国的军队健步如飞，但不多远就气喘吁吁，侵敌早已不见踪影了，逼得赵武灵王不得不改革。这改革属于什么性质呀，说穿了实在不好听，是文明回归野蛮，用野蛮抵抗野蛮。一切战争的本质都是如此。北魏这汉化则不然，是游牧民族向农耕文明臣服，不是权势上的臣服，而是精神上的臣服，文化上的臣服。

云冈石窟里雕像的汉化，这只是表象，内在的实质是北魏堪称汉化的典范，变革的典范。在中国历史上，变法、变革、新政，屡见不鲜，没有一次能像北魏那样完美收官。几乎每一次倡导和实施变法的大臣，不是亡于非命，就是被发配流放。北魏变革何以会有这样非同寻常的效果？答案是，北魏的变革，正如云冈石窟的开凿那样，是从皇权顶端发起的。其他变法，或者新政，都是大臣上谏皇帝，皇帝恩准而推行。遇到矛盾，遇到发难，大臣就会成为替罪羊。北魏则不然，皇帝就冲锋在变革、汉化的第一线。就说均田制吧，我将之视为变革、汉化的重大节点。北魏政权是鲜卑人建立的，鲜卑族崛起于蒙古高原，祖祖辈辈以游牧为生。统一北国后，农耕成为主要生产生活方式，这不能不说是重大变革。

均田制不是简单对农耕民族的模仿，而是对土地分配模式的创新。当时大官僚不断兼并扩张土地，弄得民不聊生，维护国家政权运转的养分极度匮乏。均田制这一个"均"字，使耕者有其田，用生产关系的调整激发出了蓬勃生产力，既促进了北魏的发展繁荣，还为未来社会的发展提供了最好的运行轨道。自北魏到隋朝，再到唐朝，均田制连续发挥作用，沿用了将近300年。这还只是变革的外在现象，深究内涵，变革的意义在于北魏膜拜先进，趋向先进，甘愿与旧我决裂，敢于破茧脱颖。

如果说，均田制与旧我决裂表现得还不突出，那北魏迁都洛阳就表现得淋漓尽致了。定都平城，站稳了脚跟，一统了北方，北魏成就斐然。可是，孝文帝元宏并没被既有的成就冲昏头脑，而是继续图谋新的发展。发展要快，占据有利地理位置非常重要。前不久，山西省作家协会主席杜学文在讲授《山西与华夏早期文明形成》时，强调了地理环境的重要性，对我启示极大。顿悟，表里山河的稳固性和封闭性，在特定时期具有非凡的价值和作用。稳固性和封闭性便于抵御外敌、长足发展，然而，却有碍于快速发展。我在今天才领悟的道理，

1500多年前孝文帝元宏已深谙其道，不能不赞叹他高瞻远瞩，眼光超群。迁都洛阳，占据中原，既便于统领北方，又便于扼制南方，真可谓是万全之策。

更令我赞叹的是，孝文帝元宏彻底汉化的改革，改变服装，着汉服；改变语言，说汉话；甚至还要效仿汉族，改汉姓。他首先带头，由拓跋宏改为元宏。这要是赵武灵王复生，看到此种情形，也会自愧弗如。是的，孝文帝元宏没有边塞忧患，却这样果敢决断，书写了国家与民族的新生，其胆识和气派，堪称前无古人，后无来者！

置身云冈石窟，看着一尊尊佛像，禁不住一次次感慨孝文帝魅力无穷，魄力无穷。这无穷魅力和魄力何来？金字塔的高巍，需要雄厚的基座和塔身。孝文帝元宏的伟大作为，自然需要历史的丰饶孕育和现实的坚强支撑。道武帝拓跋珪开国建都，英勇盖世；太武帝拓跋焘统一北方，气度超群；文成帝拓跋濬开凿石窟，名垂千古；冯太后总揽设计，教诲元宏，无愧于中国政治舞台上最为成功的巾帼政治家。有了这些杰出的政治英才，还有杰出的大臣崔浩、高允和李冲，他们的拥戴与辅佐，才是北魏方略落地生根、开花结果的丰饶沃土。如此才有高僧昙曜，道教国师寇谦之和文学家、地理学家郦道元的脱颖而出，杰出贡献。

这里不谈寇谦之和郦道元的历史作为，仅就高僧昙曜在云冈石窟敲击的第一锤就惊诧人寰，就宣告将一个王朝、一个时代、一种变革精神，镌刻在石壁上、石窟里，永远，永远！

历史壁上观

无言的课堂，无言的讲师，每临古代建筑我都是这种感觉，犹如自己就是聆听讲授的小学生。自然走进石窟也是这般心态，而且，石窟这位讲师比木构建筑要年长，要资深，所传授的知识是木构建筑所不具备的。比如，现存木构建筑最早是唐代的，唐代之前难道没有？当然不会没有，而是因为木头易焚毁，易腐蚀，没有留存至今。倘要是求证隋代的建筑样式，并由此上溯到北齐，谁能说出来？那我试着说说，三开间，两侧立廊柱，廊柱分两种，圆形和八角形。为了美观，有的廊柱还稍加装饰。廊柱下有柱础，柱础也分两种，覆莲式和覆盆式。柱身瘦长，收刹明显。柱头无阑额，普拍枋横贯其间，枋上置斗拱承托屋檐。柱头为一斗三升，补间置人字拱，拱上置撩檐枋和屋檐。

这就是北齐至隋朝的建筑样式。何以见得？不是我高明、有先见，而是石窟文物就这般模样。自然，上面所说的屋檐应是窟檐。这是太原天龙山石窟的外观造型，第1、10、16窟都是这样，都属于这个年代。石窟雕刻成的样貌，不会是凭空想象出来的，一定是那时的木构建筑风格的写真，对吧？百思不得其解的问题，这无言的课堂，无言的讲师，会给你一个标准答案。

天龙山位于太原西南，本来名为方山，北齐皇建元年（560）在山腰修建了寺院。山势险峻，云蒸霞蔚，如同巨龙腾飞寺中，故名天龙寺。方山，随之易名天龙山。

改名就这样轻而易举？不会，一般富商豪绅没有这个能耐，普通官吏没有这般权力，一定是权臣，或者至高无上的天子，才会令下名定。还真是，天龙山这个名字的来历，与高欢、高洋父子关系极大。说到高家父子，自然牵扯到北魏的历史。

北魏迁都洛阳，是少数民族汉化的旗帜，这是历史的定论，毋庸置疑。迁都成功，主要是北魏孝文帝能够高瞻远瞩，审时度势，力排众议。试想，习惯于在夏日凉爽的北魏平城（今大同）生活的权臣，哪受得了洛阳那酷暑的蒸烤？可是，北魏孝文帝就有这种魄力，以控制中原、挺进发展的气度拍板，并且一旦决定，便矢志不移，直至成功。熟悉历史的朋友一定知道，孝文帝不是以迁都的名义挺进洛阳，而是打着南征的旗号发兵。到了洛阳大雨连日，孝文帝还要继续南行，众臣个个非议，这才以退为进，告诉他们不再南征，可要在洛阳定都。天子已妥协让步，众臣不能不妥协让步，迁都大计告成。

封建王朝有个不变的定式，专制体统便于整体行动。皇帝一声令下，举国从头发梢到脚底面都在遵行。这是皇朝金币的正面，反面则是血缘传位，有一个平庸之辈继位，天下就会变乱。北魏皇权同样无法跳出这个黑洞。北魏孝文帝去世，一番变易，高欢成为控制王朝的权臣。他以大丞相的身份坐镇晋阳，网罗人马，壮大实力。第一步，将恒州、燕州、云州的鲜卑拓跋部、慕容部迁至晋阳附近；第二步，在如今的原平、寿阳、文水设立州郡；第三步，将六镇民众迁至晋阳、孝义与平遥。三步棋走完，晋阳实力强大，军力强大，成为政治、军事、经济中心。高欢老谋深算，运筹帷幄，不只体现在他的掌控力上，还体现在他的儿子身上。东魏武定八年（550），高洋从晋阳出兵到达邺城，孝静帝元善见被迫禅位，北齐建立。北齐的开国之君，就是高洋。

从高欢深谋远虑到高洋夺位称帝，晋阳都是他们的活动中心、根据地。在晋阳，他们指点天下，龙腾而起，如愿以偿了，将方山改名为天龙山，顺理成章。开凿石窟，报答信奉的佛祖，也顺理成章。第1、10、16窟就这样应运而生，赓续了北魏在平城开凿石窟、塑像礼佛的传统。

源泉开通，水到渠成。源泉是文化，是思维，是血脉。血脉不同于骨架，骨架可以看作是社会变更的朝代。朝代更替，骨架变换，但是，血脉、思维和文化，却不会随着朝代的更替而很快变换，甚至，这无形的力量还在毅然决然地扭转由骨架变换带来的不适。北魏分裂为东魏、西魏，西魏易号北齐，北齐灭于北周，北周又裂变为隋代。隋文帝杨坚从北国水土继承的文化素养未变，思维未变，这边统一南方，那边弘扬文化，开凿石窟继续进行。看看开皇四年（584）打造的第8窟吧，规模大、气度大，内部分为前厅后室，中心凿有塔柱。塔柱在天龙山石窟属于唯一。规模大，是不是造型不讲究？非也，造型仍然精细。那根中心塔柱及窟内三面石壁，都是雕刻精湛的佛龛、佛像。

大唐来了，一个"大"字写意出时代的历史作为。大唐来自何处？并州，即今日之太原。并州至平城是北朝历史风云变幻的中心舞台，北魏孝文帝播撒种子，携带的基因是自信、开明、开放、博爱、包容、飒爽。种子一遇适合的水分、温度就会发芽，成长。大唐就在并州发芽、生长，长出不凡气象。唐高宗李治和武则天崇佛、礼佛，北巡并州自然去拜蒙山大佛，还施舍财物。武则天当上皇帝，并州地位更高一筹，被封为北都。地位提高，地方官员更是投皇帝所好，开凿佛窟再掀高潮。现存天龙山东峰4至7窟，西峰11至21窟，以及第9窟，都是此时的佳作。不仅数量占到天龙山石窟的四分之三，而且品位也提高了很多。仅从第9窟看，就呈现出空前气度。该窟分为上下两层，上层弥勒佛垂足倚坐，安详自在。可就是这安详自在的弥勒佛，头部破窟而出，几乎高达山巅，何等气象！下层是三位菩萨雕像，中间是观音菩萨，两侧是文殊菩萨和普贤菩萨，二位菩萨一位驾象，一位驾狮。周围石壁还有天王、金刚及诸多浮雕小像。三位菩萨和弥勒佛雕像，巨大的体量在各个石窟都名列首位。

石窟的风貌，雕像的风貌，无不是时代风貌的缩影。

道观垂青史

丝毫不必怀疑，石窟以及石窟中的雕像，确是历史文化的复印件。观赏太原龙山昊天观，居然蹦出汉代无名氏的诗句："楚王好细腰，宫中多饿死。"饿死还不至于，饿瘦、饿病却是极有可能的。上有所好，下必甚焉。何以会有这样的联想？

在天龙山石窟赏鉴时发现，凿窟雕像到了元代戛然而止。元代统治者信奉的不是佛教，而是道教。从时局看，谁也不会去冒犯天威，石窟开凿是不是会有断代危机？站在天龙山自是这般想法，然而，移步偏东些的龙山，心中的这团乌云倏尔散去。龙山昊天观就有元代开凿的石窟，元代按下了佛窟开凿的暂停键，却奏响了道窟开凿的交响乐。

昊天观石窟每一座都有名称，都有侧重，不像佛窟造像多窟雷同。按照文物界考察定位，垂叠三窟的最上一窟是第1窟，名为"虚皇龛"。虚皇乃元始天尊之号，虚皇龛自是他的居所。该窟平面圆形，正面凿出凹形龛座，元始天尊便稳坐其上，衣服披垂，自然流畅。两侧各有10位侍者，个个脚踏祥云，头顶光环。头上也没空着，两条飞龙盘旋窟顶。垂叠三窟的中层一窟是第2窟，名为"三清窟"。三清乃道教最高尊神，居于诸天之上。何为三清？唐代《老君圣纪》释为玉清境、上清境和太清境。玉清境为元始天尊，亦称"天宝大道君"，位居中，在三十五天之上；上清境为太上大道君，亦称"灵宝大道君"，位居左，在三十四天之上；太清境为太上老君，亦称"神宝大道君"，位居右，在三十三天之上。三清窟严格遵行道规，窟内正面即三尊神像，各自跏趺坐姿，居高临下，俯视凡尘。东西两侧各有仙像6尊，其中3位服饰华贵，当是帝君、真人与仙伯。

接下来有卧如龛、三天法师龛、玄真龛、披云龛、七真龛和辩道龛。卧如龛为第3窟，窟内正面有一长方形石榻，躺卧着真人。相传，这里是披云真人卧化之所。三天法师龛为第4窟，平面方形，三面尖拱神龛，雕像居于其中。各尊神像脸庞方圆，肌肤丰润，发髻凸起，俯视下界。玄真龛亦称"元真龛"，为第5窟，主像安详坐在龛中，两侧侍者立于莲花台上。披云龛、七真龛和辩道龛，分别在第6、7、8窟，雕像均主次分明，祥和自然，体现出道教追求的清静和美境界，这里不再一一赘述。

　　查考资料得知元代石窟极为罕见，古建专家柴泽俊认为昊天观石窟为海内孤例。为何这孤例会在太原？根源在于元代尚未开国，便与道教结下了缘分。成吉思汗兴兵后，于金兴定三年（1219）专门派出特使刘仲禄迎请丘处机前去传教。历经4年多的长途跋涉，丘处机到达西域乃蛮国，今内蒙古科不多地区，成吉思汗隆重欢迎，待为上宾。其时，蒙古军烧杀抢掠，靠暴力征服天下。丘处机婉言劝导成吉思汗，应戒杀，怀道德，以敬天爱民之心平定天下。成吉思汗对丘处机颇为信服，将其尊为"神仙"，封为国师。丘处机返回燕京后，蒙古统治者为他修筑道观，赐名"长春宫"。丘处机也缘此被尊为"长春真人"。

　　师父受皇封，弟子皆受宠。据说，丘处机西行，偕行者就有道号披云子的宋德芳。宋德芳受丘处机嘱托提点教门，屡屡往返于大都、平阳和陕西终南山之间。宋德芳在道教中名声显赫，固然与他提点教门有关，最为亮眼的是努力恢复将要泯灭的道藏诸经。《终南山祖庭仙真内传》这样记载："宋德芳于甲午（太宗窝阔台六年），游太原西山，得昊天观故址，有二洞，皆道家像，俨然壁间，有'宋童'二字。师修葺三年，殿阁峥嵘，金壁丹腾，如鳌头突出一洞也。"这段记载很有趣，太宗窝阔台六年（1234），宋德芳游览太原龙山，看到两个道家洞窟，窟壁上就有雕凿的石像。自然，这是北宋所凿，这可能是宋德芳开凿龙山石窟的动因之一，最令他动心的恐怕还是"宋童"二字。道教洞观、道教石窟，还有与之相同的姓氏，他怦然心动，驻足于此，开始复兴昊天观的大业。如今在石窟内可以看见镂刻题记："自甲午春（1234）至乙未冬（1235）三洞功毕，东莱披云勒石。"东莱即山东莱州，宋德芳的故乡在此。在石窟的镂刻铭记中还可以看到李志全、秦志安等人的名字，他们分别主持开凿了不同的石窟。

书写至此，昊天观石窟开凿的动因，以及主要的功臣已经搞清了，完全可以甩手进入下个章节，偏偏我却多此一举，查考起宋德芳和几位道教名人。哪知这多此一举，会有投桃报李之得。《南宋初河北新道教考》记有："披云之功在重刊道藏，共事可考者以秦志安、李志全为最著。"重刊道藏在何处？在平阳，即今临汾市。从南宋嘉熙元年（1237）至淳祐四年（1244），历时8载刊印《玄都宝藏》，而且有7800余卷。数量之巨，工程之大，耗资之多，不可估量。真令我惊喜，我是临汾人呀！我只知道临汾的广胜寺珍藏过《赵城金藏》，多少卷？5000卷。哪知《玄都宝藏》卷数之多，居然超过了《赵城金藏》。

一个历史之谜，无意间被解开了。2013年，我撰写《感天动地·关汉卿传》时在史料里发现一个疑点，蒙古军南下有个不成文的规矩，凡攻城遭遇抵抗，攻入其内，即要杀个鸡犬不留。平阳城蒙古军攻进去，被打出来；再攻进去，又被打出来。第三次攻进去，才稳固下来。任何史料都没有留下屠城的记载，这是为何？曾猜想金代平阳设有覆盖全国的书籍所，是雕版印刷中心，蒙古人有令，屠城不杀有技术的工匠，平阳侥幸免遭惨杀。猜想归猜想，没有证据只能存一意念。金正大四年（1227），蒙古军第三次攻进平阳，站稳脚跟。9年后，宋德芳开始在平阳刊印体量巨大的《玄都宝藏》，可见我的猜测并不离谱。留下平阳工匠、艺人，是有后用呀！

真没想到探究昊天观石窟，解开了另一道谜题。

奇观古道场

被平顺县的金灯寺吸引，我无法摆脱自己的思绪，必须走近它，观赏它，记录它。自从开始思考写石窟，大大小小、高高低低的石窟便向我头脑里云集，密密麻麻，挤挤匝匝，缭乱思绪，真不知该把目光聚焦何处，该先写哪一窟。我好不犹豫，曾经想写昔阳县石马寺，这里的石窟上起北魏下及隋唐，历史悠久，雕像丰赡；曾经想写高平市羊头山石窟，这里石窟分布广泛，山巅山腰皆有，石窟石像兼具；

曾经想写乡宁县千佛洞，这里山崖高耸，石洞深凿，满壁雕像，形姿多变，工艺精湛……

写下金灯寺是我摆脱了众多石窟的纠缠，毅然决然割舍纷杂牵挂。坦白说，在山西众多的小型石窟中，我独钟金灯寺。

我喜欢金灯寺凿窟的年代，虽然此处创建寺院很早，可以考证到北周时期。但是，形成石窟群却是在明代。开凿石窟，供奉佛祖，是信仰坚如磐石的体现，是硬碰硬的艺术。溯源推及，是人类石头情结的延续。人猿相揖别，就靠石头摆脱了弱者形象，逃脱了猛兽的吞噬。石头成全了人，石头限制了人，与石头厮磨节奏缓慢。人类社会的前行，是一个不断加速的过程。加速就会背离缓慢，石头便渐行渐远。石窟与社会也有这般挂碍，云冈石窟镂刻着北魏的雄心壮志和马背民族骨血里的硬气。这股硬气传至东魏、西魏、北齐、北周乃至隋唐，贯通的气韵虽在减损，仍在石窟里留下痕迹。经过宋、金、元，再到明代，不能说断气，却已气若游丝。因而，作为明代开凿的石窟群，金灯寺坚如磐石的意志，我怎能不喜欢？

我喜欢金灯寺石窟的外部形貌，多是三开间，或者悬山顶，或者硬山顶。有立柱，有额头，有枋木，有斗拱，有屋檐，有门窗，这不是木构建筑吗？不是，是石头上凿出来的。可能当初设计者只是想装饰得美观些，才凿出木构式样。未承料到，风吹雨淋，时光渐进，木构建筑衰老倾圮，日趋减少，而石头上却留下了它们的形体和面容，如此珍贵能不喜欢吗？

我喜欢金灯寺石窟的内部样式，多是覆斗式藻井，中心平面较大，四向斜面较小，与早期窟顶漫长的斜面迥然相异。不是亦步亦趋，而是发展创新，具有了明代的特征。窟顶的雕刻、彩画也没有司空见惯的莲花、飞天等图案，多以二龙戏珠作装饰图案，如此别开生面能不喜欢吗？

我喜欢金灯寺石窟的佛像造型，无论佛祖还是菩萨，无论金刚还是天王，无论罗汉还是侍者，个个形体匀称，衣饰富丽。既有佛国造像的壮美，又有唐宋风貌的圆润，还有明代流行的俊俏。将开放、包容、创新融为一体，如此标新立异能不喜欢吗？

喜欢，确实喜欢。不过我最为喜欢的却是第5窟中的巨型浮雕，犹如活脱在石壁上的清明上河图。当然不是清明上河图，而是水陆道场图。清明上河图是画出来的，金灯寺的水陆道场图是雕刻出来的。

水陆道场，也是佛教的水陆法会，起源于佛祖超度穷人的慈悲义举。一晚，释迦牟尼的弟子阿难梦到有饿鬼向他求食，如果不给，三天后自己将毙命，也会沦为饿鬼。阿难非常恐惧，便向佛祖求助。佛祖授给阿难经咒，可以使饿鬼得食，可以使自己福寿绵长。阿难按照佛祖所授的经咒开设了水陆道场，救度所有穷困平民。

佛教传入中国，水陆道场也同样落地生根，一般要举行七天七夜，多则达到四十九天，借助佛法超度众生，"使升天界"。据说，最早中国的水陆道场由南朝梁武帝为皇后郗氏所设。明代举办过水陆道场的是英宗朱祁镇，土木堡之变中将士死伤无数，他被瓦剌俘虏，后来侥幸归国，侥幸再度复出坐上皇位。还算他良知未灭，开设水陆道场超度战死的亡灵。右玉县宝宁寺所珍藏水陆道场画卷，据说就是那次道场的写真。画卷再好，终归没有石头刻下的牢靠，不怕风吹，不怕水浸。金灯寺浮雕水陆道场图可真是一绝。

水陆道场图浮雕在第5窟殿内两侧的墙壁上，共计69幅图画，帝释天、大梵天、鬼子母、四天王、十六明王、护法善神、北极紫微大帝、南极天皇大帝、东华帝君、金母元君、后土圣母、五岳大帝、三官大帝、四海龙王、文昌帝君、文武贤臣、后妃宫女、僧尼女官、贤妇烈女，应有尽有，换言之该来的都来了。好一场盛会！

这盛会浮雕就已超好了，更为绝妙的是这座石窟的实景。大殿前厅清泉涌流，滔滔不绝。积水成潭，水面如镜。四壁立柱，浮雕佛像，无不倒映水中。壁上画在水中，水中画在壁上，细流涓涓，粼波闪闪，动中有静，静中有动。如梦如幻，如神如仙，一时忘记自己身在凡尘，犹如游览仙山琼阁。

是谁这样独具慧眼，选定这自然美景？是谁这样匠心独运，开凿这浮雕壁画？是谁创造出这人世独一无二的水陆道场，令人连声赞美？

赞美这金灯寺，奉献出最美的石窟风韵。

古塔

救人一命，胜造七级浮屠。

此话许多人能脱口而出。不过，说是说，写是写，能把浮屠说出口的人很多，能把浮屠写出来的人很少。即使这很少的人，能够说清浮屠是什么的，那就更少了。

浮屠，说起来很简单，就是行走间不经意一抬头，高高耸立在目光里的佛塔。

如今，塔已成为研究古代建筑的珍品，而山西又因古塔遍布并州南北、汾河两岸名列全国前茅。

山西古塔历史久远，自清代上溯，顺藤摸瓜，可以追溯到北魏时期；山西古塔形制多样，有楼阁式，有密檐式，有单层墓塔，有喇嘛塔式，还有金刚宝座塔等样式；山西古塔用材多变，有石塔，有砖塔，有铜塔，有铁塔，有木塔，还有琉璃塔；山西古塔身高多层，有单层，有二层，有五层，有六层，有七层，还有十三层。虽然花样众多，简要概括，无外实心和空心两种。

应县木塔

据我所知，山西古塔进入统计数字的就有300余座，不少偏远的古塔可能仍然藏在深闺人不知。仅就佼佼者而言，已多不胜数。五台山佛光寺北魏所建六角形祖师塔、太原童子寺北齐所建燃灯塔、长子法兴寺唐代所建燃灯塔、平顺海会院唐代所建明惠大师塔、运城报国寺唐代所建泛舟禅师塔、应县佛宫寺辽代所建舍利塔、灵丘觉山寺辽代所建舍利塔、运城太平兴国寺宋代所建砖塔、太谷无边寺宋代所建白塔、浑源圆觉寺金代所建释迦塔、代县圆果寺元代所建阿育王塔、太原永祚寺明代所建双塔、太原晋祠奉圣寺明代重修生生塔……还有，还多，哪能一一说清，下面择要述说。

塔从何处来

塔从何处来？印度。这是现在的说法，按照当时的说法，应是天竺。前面所说的浮屠即是例证。浮屠，也写作"浮图"，梵语音译词，本意为佛陀，也就是佛教的创始人释迦牟尼。信奉佛教的僧尼、居士，仰视释迦牟尼如同耸天的高塔。于是，将二者合一相称，浮屠即成为佛塔的名称。

佛塔也好，浮屠也好，都还有个别称——阿育王塔。代县城内有座圆果寺，寺中有座高塔就叫阿育王塔。这是为何？阿育王塔，当然是纪念阿育王。阿育王对炎黄子孙来说非常陌生，对于印度人来说，却像中国无人不知道唐太宗李世民一样，十分熟悉。这个阿育王与李世民确实不无相像。李世民是玄武门之变杀死太子即兄长李建成登基的，阿育王也是杀死兄长继位的。李世民登基后励精图治，创造了"贞观之治"的盛世。阿育王继位后大有作为，为人称道。他曾征服过湿婆萨国，继续大规模远征是他建功立业的耀眼光环。位于孟加拉湾沿岸的羯陵伽，是南印度的一个强国，他并没有因为距离远而放弃，大约公元前262年，他发兵将羯陵伽国收入自家的版图，建立了一个前所未有的大印度。

仅凭功绩，即使再大也不可能与华夏结缘。阿育王尊崇佛教，信奉佛教，弘扬佛教。对待佛教，他犹如汉武帝对待儒家。汉武帝接纳董仲舒的观点，罢黜百家，独尊儒术。阿育王统领全国，当时流行的并不是一种宗教，还有婆罗门教和耆那教，他不反对别的教会，却独尊佛教为国教。颁布敕令和教谕，为便于民众周知，镌刻于摩崖和石柱之上，这便奠定了佛教一家独大的地位。更让佛教光彩夺目的是，阿育王一声令下，全国兴建舍利塔。兴建了多少舍利塔？我看到这数字时吓了一跳，84000多座！杜牧诗云"南朝四百八十寺，多少楼台烟雨中"，480座佛寺就遍布各地，随处可见。倘若杜牧要是知道人家阿育王这举国大行动，肯定不会再对那"南朝四百八十寺"大惊小怪。

设想一下，修建84000多座舍利塔需要多少人劳作？那壮阔场景肯定不亚于秦始皇修建万里长城。若是对照一下，阿育王的王位终结于公元前232年。秦始皇灭掉六国，一统天下在公元前221年。这等于说，84000多座佛塔崛起于天竺时间不长，中华大地就掀起修建万里长城的大潮。秦始皇不是阿育王，却与阿育王有某些相像之处。这样对照似乎是没事找事，找事是因为阿育王在他国大地上兴建的舍利塔，"忽如一夜春风来，千树万树梨花开"，居然在神州大地流行开来。来到神州大地的舍利塔，就直接取名阿育王塔。代县圆果寺阿育王塔就是一例。

代县圆果寺阿育王塔，从现今能查考到的资料看，始建于隋文帝仁寿元年（601），从佛教流传中国的时间看可能还要早。早也无用，国人将文物意识植入大脑是新近的事，唐武宗会昌五年（845）灭佛不是烧掉，就是拆掉。世事像流水，三十年河东，三十年河西。无须这样长的时间，仅仅两年即风向大变，唐宣宗继位，大刀阔斧改弦更张。大中元年（847）被毁掉的阿育王塔重新崛起。是非如何判定，皇家就是标准。

圆果寺这佛塔很不幸，又很幸运。不幸在宋元丰二年（1079）竟遭雷击损毁，幸运在三年后修复一新。或许那时避雷技术甚差，雷击属于无法避免的自然灾害。自然灾害无法避免，人为损毁应该杜绝吧？也难。金兴定二年（1218），蒙古军南下把阿育王塔夷为平地。再度崛起就没有先前那样快了，到元至元十二年（1275）才修复，整整57年呀！

现在看到的阿育王塔即是元代的文物，喇嘛式，亦称"藏式"。通体砖砌，平面圆形，基座、塔身、塔刹总高31.42米。基座盘踞在平台上，平台下为圆形，上置覆莲台。台上两层基座，皆是束腰须弥式。塔身为覆钵式，下置覆莲叠涩平台，上置钵身若瓶。塔刹由刹座、项轮、伞盖和宝珠构成。远望收刹急切，轮廓秀美；近观叠涩精致，刀工洗练，悦目而又赏心。有诗赞颂："名塔高耸竖碧空，稳健挺拔七百龄。七级地震山崩裂，无奈你何阿育翁。"

"七级地震山崩裂，无奈你何阿育翁"，此是何意思？原来清光绪二十四年（1898）八月初七，代县一带发生5.5级地震，烈度约7度。《代州志》记载："城关坍塌房屋五百七十余间，州狱房屋多倾塌伤人，压死十二人。"阿育王塔虽然稍稍倾斜，至今仍巍然屹立。"七级地震山崩裂，无奈你何阿育翁"，用于代县圆果寺砖塔恰如其分。若是移位就未必了。据我所知，永济栖岩寺和洪洞广胜寺的古塔，兴建之初都叫作阿育王塔。如今，早已易名改号，岂敢说"无奈你何阿育翁"？

入乡则随俗

中华文化是浩瀚渊深的海洋，任何外来文化只能是七弯八折注入恢宏水域的细流。每一条细流赶往海洋时，无不带足了自己的个性，在入海口还能分辨出各自的面容。然而，倏忽一闪，跻身入海，将再无法辨识任何一条溪流的踪影。浩瀚的中华文化吸纳着、消融着外来文化，壮大着已有的浩瀚，丰富着新生的浩瀚。

阿育王塔的到来，也是这般礼遇。这礼遇用通俗语言说，便是入乡随俗。改名换姓，还是阿育王塔的浅表变易。试问，当初阿育王在他的王国敕令修建那84000座佛塔干什么？回答这个问题，只要看看佛塔的最初名字就可以。初时那佛塔叫作"舍利塔"。舍利塔，自然是存放舍利的。舍利，是梵语的音译，也有译作设利罗，或室利罗的。无论译作什么名称，意思都是骨身，或者遗骨。相传是释迦牟尼遗体火化后结成的珠状物，后来也泛指佛、高僧的遗骨。舍利可分为骨舍利、发舍利和肉舍利，通常所说的舍利都属于骨舍利。佛教认为，舍利是由修行功德炼就的，多为坚硬珠状，五彩耀目。建塔供奉舍利，是对佛法的最高敬仰与尊崇。阿育王塔初临华夏大地，携带的就是这夺目的光环。

打开《法苑珠林》，卷五十一记有："八万四千塔具如上经，故不备载。今唯此神州，即是东境故此汉地，案诸典籍寻访有十九塔，并是八万四千之数也。"文中还标示出19座舍利塔的所在地，一一数来山西有5座。"姚秦河东蒲坂塔"，即现今仅存遗址的永济市栖岩寺舍利塔；"周晋州霍山南塔"，即现今洪洞县广胜寺飞虹塔；"隋并州净明寺塔"，即现今太原市惠明寺舍利塔；"隋并州榆社县塔"，即现今榆社县大同寺舍利塔。当然少不了代县圆果寺阿育王塔，其中所记是"齐代州城东古塔"。

这记载似乎与世事有所出入，如果上述五塔，或者说神州一十九塔，都在阿育王所建的八万四千塔之列，那应该在秦统一天下之前。可是史书明确记载，中国由皇家引进佛教是汉明帝刘庄，时间当在公元57至75年之间。这之前即使民间有信奉佛教者，人数也极其少，得不到官方认可，建造佛塔的可能性几乎为零。况且，这与阿育王在位时间相差上百年之久。即使不较真计算，那符合阿育王舍利塔标准的，全国只有19座，山西不过5座，其他佛寺并无舍利可供奉，如何建塔？

但凡建塔就有建塔的道理。五台山是佛教圣地，圣地有个标志性建筑。这建筑就是大白塔。大白塔原来就叫阿育王塔，据说也在全国引进的19座舍利塔中间，只是打开山西5座的名录不见榜上有名，打开全国的19座名录仍然不见榜上有名。没有名不会影响佛塔的建造与修复，只要有人信奉，有人出资即可。大白塔修复的动因很容易找到，明万历十年（1582）张居正在《敕建五台山大塔院寺碑记》写道："震旦得名者一十有九，此其一也。"明确认定大白塔就是19座舍利塔中的一座，修复理所当然，并在修复竣工后将原来阿育王塔改名"慈寿塔"。张居正是当时的内阁首辅，劳他动笔撰写碑文，自然不是一般人所能驱使，可见来头之大。原来这次修复是明神宗朱翊钧母后懿旨，是皇家工程，进展快，质量高，效果好。诚如张居正在碑文中所写，"煮汁和灰，灌图不剥，天盘油松不朽，宝瓶铜铸不坏，会首圆金助铜成造""是塔之所成也，而巍巍峭拔如泰华之岌秋空，似华莲之涌平陆，大地同阴，余生共摄。赞颂则华雨缤纷，顶礼则尘襟屏息。降吉祥于俯仰之间，廓盖缠于旋绕之际。山灵舞蹈，天人庆怿。烟云变色，草木争辉"。

"巍巍峭拔如泰华之岌秋空"，伟岸之姿，超拔之势，世间难有第二。具体看看吧，塔高54.37米，比北京白塔还高。北京白塔只有35.9米，五台山白塔比之高出18米还多。造型美观而实用，塔底四周围廊环绕，廊下安放着120个圆形法轮，轮上刻有经文，倚墙而立，转动自如。僧众和居士每逢法会，转动法轮，诵经祈福。塔基上有束腰须弥座，座的南边回收，形成一座佛殿。拾级而上，可至殿内。塔身为喇嘛式，状如藻瓶。藻瓶本名覆钵。覆钵上下披覆着莲花瓣，洁雅美观。塔腹鼓隆，线条圆润。远远观望，气势宏伟，巍峨壮观。在五台山各个山台眺望中心台怀，庄严肃穆的大白塔都在眼中，佛法也就都在心中。

皇家要礼佛、尊佛，没有舍利照样建塔。阿育王塔所代表的舍利塔，来到华夏大地，入乡随俗，落地即融于本土文化。是这样，皇家在建塔，民间也在建塔。太谷县城西南的无边寺也有一座白塔，塔高不及五台山大白塔，却比北京白塔还高，高达43.7米。别看这座塔名为白塔，体形却与五台山和北京白塔迥然不同，一改圆润外貌，平面八角向上，层层垒砌，塔高7层，渐次收刹，直至顶尖，颇见威严。此塔二层之上中间皆空，设有木梯栏杆，能够扶梯登高。各层都有拱券门洞，既能采光，还能外观风光。塔身外表白垩涂刷，久经岁月，久经风雨，色泽不衰，洁白如玉，实属珍品奇观。

塔不再是舍利塔，已成为礼佛的精神象征。塔的作用在变，体貌也在变，变得贴近每一方土地的文化基因。

随俗也高雅

我写佛教进入神州大地，入乡随俗融进中华文化，可能有人一听入乡随俗，会觉得这个俗字低矮了佛文化。不，别看俗字包含着品位不高的意思，可更多涵盖的是为大众所接受而普遍流行的意思。这里的入乡随俗，是特指佛教广为流行，佛塔广泛竖立。佛塔的林立虽然不能用雨后春笋般的词语形容，可也是此起彼应，遍地开花。晋城市青莲寺耸立着唐代建造的慧峰塔、长治市丈八寺耸立着唐代建造的砖塔、平顺县大云院耸立着五代建造的七宝塔、长治市潞城区耸立着宋代建造的佛塔、永济市万固寺耸立着明代建造的砖塔、阳城市耸立着明代建造的八角塔……

这些塔皆因佛缘而生，造型各异、图饰纷呈，无不显示着地域风貌。最不能忽略的是跻身于塔林中拔地而起、比肩而立的双塔。从目前掌握的资料看，最早出现于山西的双塔在平定，始建于宋代熙宁年间，熙宁为宋神宗的年号，为公元1068至1077年。原来寺庙门额的大字为"天宁万寿禅林"，这几个大字由蔡京书题。别看现今人们将蔡京划入奸臣行列，为人所不齿，可在当时那老儿官至太师，先后4次当宰相，共达17年之久，权倾朝野、名声极盛，能得到那幅字恐怕是求之不得，如获至宝。因而，《平定州志》记载，蔡京"赐名：天宁万寿禅林"。双塔为楼阁式仿木结构，平面八角造型，底层中空，东西南北各有一门。塔身拔地而起，通体4层高30余米。两塔相望相守，如同孪生兄弟，在古塔中并不多见。

不多见不等于再没有，去山西省会太原还可以一睹双塔的风采。省城迎泽区的郝庄镇建有永祚寺，寺中就耸立着双塔。别看这双塔也是比肩而立，却不能像平定双塔那般称作孪生兄弟。《阳曲县志》记载："双塔一新一旧，旧的建于唐，新的建于明。"这一新一旧，等于一老一少，应以祖孙相称。近年经专家考证，双塔确实属于一新一旧，然而都为明代所建，都建于万历年间，先后相差15年，不是孪生兄弟，也应称作兄弟。慢，称作兄弟似有不妥，顶多只能称作堂兄弟。为何？别看双塔的外在形象差异不明显，功用差异却大得很。新塔属于永祚寺建筑之列，旧塔则不然，属于文峰塔。文峰塔建在此地意在弥补地理位置的缺陷，双塔的一塔，悄然飞出了佛教的精神天地。

无论作用如何，跨越时空，双塔已成为新时代的风景。两座塔均为楼阁式平面八角造型，南北对峙，相距60米。塔身通体13层，南塔高54.78米，北塔高54.76米，高度近乎相等。塔体都用砖砌，白灰粘缝。塔表仿木结构，用砖磨刻成斗拱、枋和檐橡，塔内设有踏阶，可盘旋而上直达第11层，古城新貌尽收眼底。

随着佛教东入中土，塔越建越多，越建越好。上千年时光过去，塔承载了当初所没有的功能，脱颖为文物，成为鉴赏古代建筑艺术的精品。这精品遍布山西南北，各自风采不同，召唤着每位游客大饱眼福。然而，要想短时间一览无遗，并非易事。只有优中选优，先看最具代表性的点睛之笔。

那就跟随我站在应县木塔之下吧！时下的网络，给人类装上了先祖向往的"千里眼""顺风耳"。我在网上一瞭望，有人将应县木塔与意大利比萨斜塔、巴黎埃菲尔铁塔并列为世界三大奇塔。比萨斜塔奇在它的斜，斜了几百年，总是斜而不倒，神奇之处就在这里。埃菲尔铁塔奇在它的高，高达300米，加上天线24米，总高324米。应县木塔呢？我看在于它的木质结构。相对于西方来说，中国的古代建筑很难保护，原因就在于西方多用石材，我们多用木材。木材不如石材坚硬牢固，还容易遭雷击，遭火烧。可这座应县木塔并不因自身木质结构而气馁，而泄气，硬是用柔弱的身躯与岁月相伴，与风雨兼程，跨越了近千年时光。该塔始建于辽清宁二年（1056），再过34年就可以欢庆千岁华诞了。说是古塔奇观并无夸大，而且还应以其年岁老迈排名首位。

应县木塔巍峨高耸，总高67.31米。外观5层，各层间夹设有暗层，实为9层。底层重檐，四周环绕回廊，二层之上皆设平座勾栏，塔檐筒板布瓦覆盖。顶层变作八角攒尖，铁制塔刹竖立于极顶当心。

各明层的外柱均立在下层外柱的梁架上，并向塔心收进半柱径，逐层收分，外观轮廓构成一条优美的曲线。看上去比例适当，用柔和构成了壮美。

雷击与地震是毁灭古代建筑的天敌与地鬼。作为木构建筑，更是对这天敌与地鬼避之不及。应县木塔傲然存世近千岁，是不是属于侥幸？不是，是它有防雷装置。最近的研究成果表明，木塔安装着高达10米的金属塔刹。塔刹都用铁件制成，有覆钵、相轮、露盘、月牙、宝珠等，由中心铁轴穿插进梁架之内。周边还有8条铁链紧系，确保牢牢固定。每当电闪雷鸣时，塔刹充当避雷针，8条铁链便成了导雷线。应县木塔的设计者、建造者，或许就是一群从庄稼地里走出来的泥腿子，或许就是一群放下鞭子的牧羊人，他们不懂得科学知识，更无法眺望后人的科研成果，可是他们的思维和行为早早破解了困顿人类的难题。木塔千年未遭雷击，安然无恙，多么值得自豪。不，这说法有待商量，不是未遭雷击，而是遭到雷击，得以规避。木塔周围常常发生雷击事件，20世纪50年代，距离木塔100米左右的地方曾两次遭受雷击，树断枝掉，木塔却未损分毫。

应县木塔留给人类的财富，不仅仅是应对天火的避雷装置，还有应对地震的巧妙手法。这手法并不奇特，不过就是把木头的特性发挥得淋漓尽致。木头没有石头坚固，却要比石头柔韧。柔韧的木头能不能造出石头般的坚固，木塔的回答是完全可以。让柔韧变坚固，正是木塔的特长。应县木塔塔身全用木头，共使用红松木料3000立方米，约2600多吨重。各层都由内、外两圈木柱支撑，每层外有立柱24根，内有立柱8根。连接木柱的是梁、枋和短柱，还有斜撑，如此组成了互相抻拉的复梁式木架。劲往一处使，力往一起用，不是抱团取暖，却是抱团抗压、抗震。雨打不怕，风吹不怕，地震也不怕。不怕，不是我自岿然不动，不是随遇而安，而是随遇摇晃。摇晃到地鬼没劲了，消失了，再继续安居乐业。

这互相抻拉的复梁式木架，就有这样大的魔力吗？还有秘密。鉴于古人从不搞什么专利保护，咱就光大传统，公示于众。这秘密就是榫卯和斗拱。榫卯一般看不见，斗拱常被误认为是一种装饰。装饰的作用确实有，更主要的是斗拱与榫卯都在凝聚着复梁式木架。在某种意义上说，压而不垮，摇而不散，起缓冲作用的就是斗拱与榫卯。它们的弹力，给了木塔生生不息的活力。

应县木塔全靠斗拱和榫卯镶嵌、穿插、吻合柱梁，起到刚柔相济的作用。当代建筑学家认为，这种刚柔相济的木架有着巨大的耗能作用，有着巨大的减震作用。近千年前的工匠作品、建筑技术，甚至超过现代建筑学的科技水平。

且不论榫卯，应县木塔使用了多少斗拱？据专家统计，共有54种240组。这是我国古代建筑中使用斗拱最多的塔，称之斗拱样板群名副其实。

就是这斗拱样板群，组合成木构建筑寿命最长的古代佛塔。

就是这古代木构建筑寿命最长的塔，展示出个斗拱样板群。

精品何其多

像应县木塔这样的精品古塔，山西多不胜数。北部有，南部也有。我们把目光投向晋南，看看洪洞县广胜寺的飞虹塔吧！

飞虹塔在山西乃至全国，都算得上资深元老。有资料显示，初建于东汉建和元年（147），这个资料的合理性在于，此塔在中国境内19座佛舍利塔中占有一个席位。当时的广胜寺，名为"俱卢舍寺"。因为寺内有塔，也叫"阿育王塔院"。阿育王塔院随着佛教的兴衰，兴兴衰衰，衰衰兴兴。唐大历四年（769）汾阳王郭子仪至此观瞻，发现宝塔裂痕严重，随时有倒塌的危险，于是奏请重修。

　　郭子仪早年以武举高中皇榜，入仕从军，担任九原太守、朔方节度使等要职，成为唐朝镇守北部的高级将领。虽说是高级将领，可他这高级将领混迹于众多的高级将领之中并不出众。郭子仪的出众之处是在国难当头时能挺身而出。唐天宝十四年（755）安史之乱爆发，郭子仪率部平乱，浴血厮杀。他领兵收复了西京长安，力挽将倾的社稷江山，立下了再造唐室的盖世丰功。唐肃宗曾对郭子仪说："虽吾之家国，实由卿再造！"郭子仪官加司徒，封为代国公，晋位中书令，封爵汾阳郡王，成为李唐王朝的柱国大臣。唐肃宗高看他，唐代宗同样高看他，他上奏当然不会秋风过耳。于是，几近倒塌的高塔得以修复，并将阿育王塔改名飞虹塔。

　　飞虹塔如何飞虹？我们先观看塔身，等太阳高照时再说飞虹。

　　飞虹塔平面八角形，共计13层，通高47.31米，自下而上逐层递缩，塔檐几乎可以连成一条直线，形如锥体。塔身全部为砖砌，底层周边环绕回廊，廊上全部用琉璃脊饰瓦件覆盖。南面入口处凸出双层龟须座一间，犹如一座小型楼阁。

塔身第二层设平座一周，装饰有琉璃勾栏、望柱，平座之上有佛祖，有菩萨，有天王，有弟子以及金刚等像。第二层以上塔身外表全部镶嵌有琉璃仿木构件，各层檐下俱施琉璃花罩和垂莲柱，屋宇、楼阁、亭台、角柱、佛龛，以及花卉、人物、翔凤、瑞兽等装饰，一律都是琉璃构件。一层一组图案，一组一种画幅。第三层尤为特别，东、西、南、北四面各有一个拱门，各面正中均有琉璃烧造的四大天王像。正南面天王像的两侧，是明王驾龙出游的琉璃像；正北面凤凰居中，二位琉璃金刚披甲跨兽胁侍两旁。

注意到了吗？看看有多少琉璃出现：琉璃脊饰、琉璃瓦件、琉璃勾栏、琉璃望柱、琉璃仿木构件、琉璃花罩和垂莲柱，屋宇、楼阁、亭台、角柱、佛龛以及花卉、人物、翔凤、瑞兽等琉璃装饰。就是这琉璃流光溢彩，你看，当阳光照射到琉璃饰件上，飞扬出五颜六色的光泽，岂不像是彩虹？这高塔岂不就是飞虹塔？

现在看到的飞虹塔为明代重新修建，虽不是唐代原物，经历清康熙三十四年（1695）临汾盆地8级地震，依然直刺青天，依然在阳光下宛如飞虹，也是世所罕见，为世人称颂。

移步临汾城中，看看另一座精品高塔。此塔名为"铁佛塔"，铁佛塔建在铁佛寺。铁佛寺并不是该寺院的标准名称，标准名称是大云寺。大云寺可不是一般的寺院，是女皇武则天敕令修建的。唐载初元年（689），已当过皇后、皇太后的武则天想当皇帝。可中国历史上没有一个女皇，于是就寻找合适的理由。这年七月，洛阳白马寺和尚法明找来了一部《大云经》，经书写着"弥勒下生作女王，威伏天下"。僧众们恭维武则天就是下生的弥勒，应该当大唐的皇帝。武则天如获至宝，立即推行"易世革命"，废掉唐睿宗李旦，自称圣神皇帝，改国号为周。这也是中国历史上唯一的女皇帝。

《大云经》是武则天登上皇位的法宝。她当上皇帝马上诏令全国各州郡修建大云寺，收藏《大云经》，还命僧人讲解"君权神授"，宣扬女皇的权威。诏令即出，一时间全国各地纷纷响应，临汾市的大云寺就建于此时。时光变易，各地的大云寺几乎消失殆尽，唯有临汾这大云寺巍然落座，诉说着女皇登基的隐秘历史，仅就这寺院的名字也珍贵无比，何况大云寺还有一座身姿独异的佛塔。

大云寺也非唐代原貌，清康熙三十四年（1695）临汾大地震，佛塔遭毁，几十年后修复竣工，重新崛起。那年，梁思成、林徽因一行从五台山一路南下步入临汾，前行的脚步立即停下了，那是因为大云寺的佛塔吸引了他们的目光。于是，他们来到了塔下，走进了大云寺。大云寺和它的砖塔因为梁思成的到来便走进了《中国建筑史》："临汾大云寺砖塔，清顺治八年建。塔平面正方形，高五级，上更立八角形顶一层，骤观似为六层者。最下层内辟方室，于地面作莲瓣覆盆，上安庞大铁佛头，高六七米，以上各层均实心，不可登临。各层塔身向上递减，线条方涩……其四角皆作海棠瓣，上砌斗拱承檐，檐出甚短，塔身壁面镶嵌琉璃隐起佛像，或作方池，或作圆顶浅龛；上三层圆龛上且出小檐一段为饰。最上八角亭，八面且砌八卦。此塔全部样式为以往佛塔所未曾有……"

"为以往佛塔所未曾有"，岂不是别开生面？别开生面，独树一帜，就是大云寺佛塔的价值所在。倘若当初建塔，循规蹈矩，紧步后尘，也失去了求新求变的价值。大云寺佛塔新异，塔下那个铁佛头更为新异。全国的寺庙中佛像众多，有佛就有头，铁佛头却极为少见，何况这铁佛头极大，大到全国独一无二呢！

这佛头高6米，阔5米，头内中空，4个人在里面打坐也宽宽绰绰。佛头是铁铸的，专家计算总重在15吨以上。15吨生铁要一次高温熔化，一次浇铸完成，其规模可想而知。由这尊佛头可以得知，唐代的铸造技术已经极为发达。当然，也可以断定唐代山西的铸造技术在全国首屈一指。

细看佛祖头像，更让人叹为观止。这佛头面目端庄，慈祥和善。看脸，面颊丰满；看眉，眉骨高隆；看耳，耳垂至肩；看发，螺发左旋。生动的面相既表现出佛祖来自天竺的身份，还表露出他的大慈大悲。如果说，一次浇铸15吨生铁不是一件易事，那么，要用生铁铸造成形貌这么生动的佛头就更难了。然而，我们的先祖却铸造成了，留给了我们这么珍贵的文物，真是孤例绝品。

悄然在转身

莺莺塔的出现是佛塔的一个转身，不过只是小小的转身。

莺莺塔位于永济市蒲州古城东普救寺内，是一座砖砌佛塔。塔共

13层，高36.76米。七层以上突然收刹，塔身窈窕灵巧。塔内各层有阶梯可攀登而上，抵达第九层。唯六层与七层不能直接相通，六层观瞻完毕，需要下到五层，再从另一阶梯上到七层。这个上法绝无仅有，为佛塔增添了一个小机趣。莫非就是这个小小机趣所致，才能出现个大谐趣。

先莫说大谐趣，还有个不大不小的谐趣。这佛塔还是一座奇特回声塔。我站在塔下，拿一块卵石在地上敲击，从塔身传出久违了的"咯哇、咯哇"回声。为何说是久违了的回声？是我辨出这回声是青蛙的鸣叫。青蛙的叫声很平常，我童年时家乡的田野里到处都是青蛙，到处都有蛙鸣。如今青蛙不见了，蛙鸣消失了，在这塔下听见亲切得心里发暖。有人解释，蛙鸣是因为塔身中空，可我游走的空心佛塔不少，唯有这普救寺佛塔才有回声，岂不有趣？

最有趣的当是佛塔变成莺莺塔。莺莺这个名字，国人都很熟悉，那是缘于一出戏剧《西厢记》唱红大江南北。《西厢记》属于中国最早的剧本，金代董解元依据唐代元稹的传奇小说《莺莺传》，改编成了《诸宫调西厢记》；元代著名杂剧作家王实甫，依据《诸宫调西厢记》改编成了戏剧《西厢记》，使《莺莺传》的故事名扬天下。《西厢记》剧情从惊艳、借厢、闹斋、请寓、赖婚、听琴、逾垣、拷红，一幕幕演绎故事，最终唱出了万人心声——愿天下有情人终成眷属。

这一曲发自肺腑的剧目，激发出无数人内心的真情，缘此普救寺竟成为爱情圣地。普救寺，难道就是要普救天下有情人？肯定不是。

普救，是普度的延伸。普度众生脱离苦海，是佛教的主旨。脱离苦海，自然就是拯救。偶然的一件事，巧合的一出戏，让出家人修身的普救寺，居然放射出爱情的光彩。

缘此佛塔变成了莺莺塔。佛塔来了个小转身，在原来的袈裟外，又披了一层温馨的嫁衣。为何要说这是小转身，因为还有大转身。大转身其实在先前的文字里已经潜伏了下来。记得在观瞻太原双塔时写到，两座塔功能并不一样，一座是佛塔，一座是文峰塔。文峰塔就是佛塔的大转身。

我不知道别处如何，在我的家乡曾经随处可见文峰塔。有大，有小；有高，有矮。童年时在乡村行走，不经意间就会与之照面，有的是一村人所立，有的是一家人所立；有的是补充风水缺陷，有的是祈求皇榜高中。若不是遭人为破坏，恐怕还会屹立至今天。有一座高塔直到今天仍巍然屹立。这座高塔位于河曲县城东的大东梁，建于清乾隆五十九年（1794），名为"文笔塔"，又称"状元笔""状元塔"。初见文笔塔这名字我有点不解，状元塔好说，不就是祈求多出文才，高中状元嘛，为何要叫作文笔塔？绝知此事要躬行，前去一看，顿悟，这塔活脱脱就是一支直插青天的巨笔。

塔身直立于早先的烽火台上，高31米，台墩顶部直径18米。塔身底座直径6米，由三层条石垒砌。塔身全部由青砖白灰构建，内部实心，砌至顶部骤然缩细，形如笔尖，实乃世所罕见。踏上河曲的大地，我便想起元杂剧四大家之一的白朴，他是生长于这方水土的文笔圣手。笔下的剧本《唐明皇秋夜梧桐雨》《裴少俊墙头马上》《董秀英花月东墙记》，不知唱笑了多少人，不知唱哭了多少人。笑的人，哭的人，都夸说这写戏的文人有才华。可受夸说的文人白朴，心里并不舒畅，他和关汉卿一样，心意不在戏文这雕虫小技，志在科举高中，经国安邦。然而，蒙古铁骑狂飙南下，他的科举梦如秋风扫落叶，不知该去何处觅个踪影。听一曲就知道他的内心悲苦："长醉后方何碍，不醒时有甚思。糟腌两个功名字，醅淹千古兴亡事，曲埋万丈虹霓志。不达时皆笑屈原非，但知音尽说陶潜是。"倘要是白朴知道时空变易，埋没了多少帝王将相，他的名声却与元代戏曲永远嘹亮在艺术的星空，肯定会开怀大笑。可惜，生前不知身后事呀！不仅是白朴，恐怕主持修建文笔塔之人，也未必能认识到他的人生价值，若是知晓何必再筑此塔，白朴就是一座无形的文笔塔。或许这样猜测不无正确，建造文笔塔就是要让学子科举高中，鱼跃龙门，跻身仕宦。查考相关资料，文笔塔建起后，河曲科考中进士的仅黄宅中一人，授翰林院庶吉士。

民间津津乐道的是，朝日喷薄，光照文笔塔身，塔身影子极长，长过黄河，直达对面内蒙古的大口村。村口有一块巨石，形似一个大砚台。如椽巨笔饱蘸巨砚中的精气，书写着青史。先前民谣唱道："河曲保德州，十年九不收。男人走口外，女人捡苦菜。"可是，自从建起文笔塔，河曲成为商家南来北往的水陆码头。

驼铃叮当，马帮结队。马帮结队，络绎北去，将南方的丝绸、茶叶，经内蒙古、新疆销往中亚等地。

驼铃叮当，马帮结队。马帮结队，迤逦南归，再把当地的物产带回中原、江南。

河曲城中客商云集，货栈爆满，居然兴旺发达起来了。

河曲如此褒扬文笔塔，别的地方交口赞颂文峰塔。文笔塔、文峰塔，叫什么不重要，重要的是成为当地人的一种精神向往。有一座高塔耸立在身边，再苦再累的日子，似乎都是通往幸福的一个驿站。

庙宇

於穆清庙，肃雍显相。

济济多士，秉文之德。

对越在天，骏奔走在庙。

不显不承，无射于人斯。

这是《诗经》里的《清庙》，大致意思是美哉清静宗庙中，助祭高贵又雍容。众士祭祀排成行，文王美德记心中。遥对文王在天灵，奔走在庙步不停。光辉显耀后人承，仰慕之情永无穷。

你看，西周时期已在祭祀宗庙。引用这首诗，就是想说明中国设立庙宇的年代久远。何止是西周时期，在帝尧时就已设立。《尚书·舜典》描写虞舜继位，"正月上日，受终于文祖"，即正月的一个吉日，虞舜在帝尧的太庙接受了禅让的册命。《释名·释宫室》中注释："庙，貌也。先祖形貌所在也。"庙，后来也叫作庙宇，在我国年深日久。大而言之，有皇家的宗庙；小而言之，有家族的祠庙。

尧帝陵

佛教进入华夏，扩大了庙宇的范畴，国人喜欢以寺庙相称，庙宇中也包含了佛寺。道教形成以后，庙宇也将宫观囊括进来。庙宇，几乎涵盖了一切祭祀、宗教场所。本书前面已将祠堂与佛寺分别述之，本章仅观瞻未涉及的庙宇。

　　敬天法祖，是国人的精神信仰。敬天是对自然万物的敬畏，法祖是对祖宗先贤的敬仰。祖宗先贤，无疑就是我们的偶像，就是我们的行为楷模。庙宇，就是国人敬天法祖的场所。姑且不论敬天，效法什么样的祖宗先贤，决定着国人的今天和未来。古代的那些庙宇里，集纳着前人崇拜的偶像，走进每一座庙宇都像在观览一部历史典籍。

天地谁揭秘

山西的庙宇遍及各地，各地的庙宇都有差异。在高平市能够看见的炎帝庙，在其他地方未必能够看到。从相关资料看，高平市以及周边地区，现存的炎帝庙就有35座之多。这些炎帝庙还有上、中、下之分。上庙在庄里村，相传这里是炎帝的陵寝。相对于中庙、下庙，上庙的地位更见重要。不过，几十年前庄里村的炎帝上庙化为乌有。所幸炎帝中庙得以遗存，还在诉说往事。

炎帝中庙位于中庙村，这村名很好记。原先并不叫这名字，叫作"下台村"，亦称"夏泰"，或"下太"。遇有节日，附近村的民众都要去炎帝中庙祭祀，不知从何时起人们不再说去下台村中庙，而直接说去中庙，日久天长，相沿成习，下台村变为中庙村。中庙现存建筑主要有山门、正殿、太子殿，以及两侧的厢房、配殿、耳殿等。太子殿属元代至正年间遗构，为无梁殿，风格古朴，架构精巧，无大木也能支撑顶冠，无愧于国保单位。据说，这是我国目前保护级别最高的炎帝庙古建筑。别处没有，唯高平独有，这便透露出一个秘密，这里与炎帝有着千丝万缕的联系。

正殿内有一尊康熙九年（1670）的石碑，碑刻："稽古圣人继天立极，各有造于世，而丰功伟绩，利赖无穷，莫有逾于炎帝之农事开先者矣。语云：食者民之天。盖民非食无以为生，食非谷无以为籍。

当帝之时，茹毛饮血，黍稷稻粱之属，虽天植之以颐养。人而隐而弗辨，孰知有稼穑之维宝哉。帝亲尝百草，乃得其味，于天造晦明之初，是帝之德；在养生立命，而帝之功，在亿万斯年也。其神要矣，其祀正矣。"这碑文写得何等好呀，炎帝尝百草结束了茹毛饮血的蒙昧时代，将世人带进了耕种取食的农耕时代。

从高平西行翻越太岳山来到临汾，最宏伟的古代建筑要数尧庙。尧庙是临汾的代表性建筑，初建于汾河西畔的平阳古城，现今的金殿镇。西晋之后迁至现址，曾经"为地七百亩，为房四百间"，即使今非昔比，也还有90亩的空间。如今的尧庙有大门，有仪门，有祭祀帝尧的广运殿，有陪享祭祀的虞舜殿和大禹殿，还有纪念帝尧和大臣议事的五凤楼。自然按照古代宗庙前殿后寝的格局，最后面是帝尧和夫人的寝宫。广运殿几经焚毁，几经修复，文物品位无法考量，五凤楼却是明代遗构，一层青砖垒砌，打券成洞，下面可供进出，二层既是通道，也是阁楼。最可见证尧庙历史久远的是两通元代碑石，一通为《敕修帝尧庙碑》，不光记录了重修尧庙的情况，还写清了国祀帝尧在平阳，也就是今日的临汾；另一通写清了尧庙的形制规模，还有尧庙附属的土地、庙产，为《元代圣旨田宅碑》。最引人注目的是，尧庙这两通碑都与元代皇帝忽必烈有关，或是敕令，或是圣旨。这不仅是尧庙古代恢宏的实证，还是民族融合的实证。蒙古族入主中原，不是马上打天下，马上治天下，而是也在汉化，恭恭敬敬尊崇汉人的祖先。

足见，尧庙不是普通的古代建筑，其中装载着不凡的历史。那就打开《尚书·尧典》看看吧！一看就想赶紧跪在广运殿前，恭恭敬敬磕头。书中记载了很多帝尧的功绩，若是一一列举有点像对着夜空数星星，数得头晕目眩也数不清。那就承接着炎帝往下说吧，《尚书·尧典》最主要的篇幅是写帝尧观天测时，钦定历法，敬授民时。为何如此？缘于炎帝尝百草弄清了哪些能吃，哪些能种，开启了农耕。可是，何时下种并没有搞清。种早了，或种晚了，禾粟都无法正常生长，不是有种无收，就是广种薄收。有种无收与广种薄收，都难填饱肚子，所以帝尧统领了各个部族，首先就是解决这个难题。地上的禾粟如何种？他揭开上天的秘密，测准一年几多天，测准一年几多月，进而测出一年中指导下种的主要节气。就是这观天测时，就是这敬授民时，将炎帝开启的农耕推广普及，先祖告别了茹毛饮血，进入耕田而食的新时期。

炎帝用智慧和胆识揭示了地上百草的属性，辨识出了能食用的禾粟，被誉为神农氏；帝尧发挥羲氏与和氏的才智，提示了上天的法则，让神农氏的愿望茁壮成长，长出了先民的丰衣足食。这不就是中华文化最古朴的天人合一吗？天人合一，是人类认识了天地之间的关系，顺时而种，顺时而生，也就是最早的天地人合一。

炎帝庙、尧庙，铭记着中华民族的早期往事、早期文明。

四圣家国情

铭记中华民族早期往事、早期文明的不只是炎帝庙与尧庙，在晋南还可以见到舜帝庙和大禹庙。其实，临汾的尧庙在道教中也称"三官庙"，三官即天官、地官、水官。天官即帝尧，主管降财赐福；地官即虞舜，主管惩凶赦罪；水官即大禹，主管消灾解厄。将三位集体团拜似乎未能表达大众的心愿，于是再单独建庙祭祀虞舜和大禹。运城市鸣条岗上，坐落着虞舜的陵寝和庙宇。虞舜陵寝在何处，颇有争议，这里不做辨析，只观瞻这座历史名胜。

2003年，运城盐湖区启动修复舜帝陵庙，邀请我带着修复尧庙的经验去做指导。第一次走进舜帝陵庙，我就受到震撼。只缘我孤陋寡闻，虞舜驾崩于苍梧的说法先入为主，一直充塞着我的记忆，竟然不知道近在咫尺的运城就有虞舜陵庙。震撼我的是这里阔大的陵庙、古朴的建筑，还有那些没有上千年生长，不会如此苍老遒劲的柏树。资料显示，舜帝陵庙始建于唐开元二十六年（738），我无法不信，那柏树就是成长的丰碑。岁月更替，壁倒顶塌，舜帝陵庙屡毁屡修，一直到清嘉庆二十年（1815）。孰料次年发生地震，除了倾斜的正殿，其他殿堂悉数塌毁为废墟瓦砾。好在次年或修或建，得以再现。

陵庙格局可谓我见到的唯一，一般多是前庙后陵，这里却颠倒了常规位置。据说，后面的庙殿是虞舜禅让帝位后的离乐城，城后便是一道深壑。虞舜寿终正寝，自然无法在城后封土为陵。若是更换地方，免不了劳民伤财，虞舜临终嘱咐将他安葬在城前。虞舜陵丘高3米，周长51米，四面国槐交翠，郁郁葱葱。绕陵北行即是皇城，也就是当初的离乐城。城内有正殿、献殿、寝宫和戏楼，布局严谨，结构精巧，研究古代建筑不可忽略。

　　当然，也不能忽略与大禹相关的庙宇。大禹庙比虞舜庙更多，乡宁县的黄河边有，夏县是大禹建都的地方自不可少，芮城的大禹渡同样有庙，虽然多是废毁后又重修的，缺少文物价值，但是庙殿也携带着辉煌的历史。本来我想就此定格，沉思往事，可是稍一趋步，往东一偏，在翼城县曹公村看到了一座稀奇的古庙——四圣宫。四圣，哪四位圣人？走进主殿看到供奉的是尧、舜、禹、汤，这座庙还真古老，正殿年代从形制看为元代建筑，却没有文字可以证明。好在正殿对面的戏台可以证明四圣宫为元代所建。戏台面阔7.7米，进深7.2米，坐落在1.5米高的石砌台基上，三面敞开，两侧后三分之一处加设辅墙，墙体冠戴单檐歇山顶。这三面敞开的戏台，不仅是元代建筑，还是元代早期的建筑。往后元杂剧成熟，戏剧有了连贯的情节，就只能在前面观看，两个侧面便封堵了。

　　四圣宫是在尧、舜、禹三圣中加了汤王，这是为何？先莫细说，进入沁县、阳城一带，到处可见的不再是四圣宫，而是汤帝庙。跨进庙里一看，正殿、拜殿立柱简朴，横梁粗壮，凭我担任文物局局长时跟专家学到的有限知识，立即分辨出这是宋、金时期的建筑，与资料对照果然不假，只是明、清两代曾经重修。所幸，没有因为财力多于先前而推倒重来，改变原来的结构，精细原来的石柱、横梁。要知道好心办坏事，于今并不少见，耗费资金打造了一座自以为金碧辉煌的庙殿，岂不知原先古旧的建筑价值连城。因此，真应该为这修旧如旧的古代建筑高歌一曲。

高歌一曲，还要高歌一曲，不是为古建，而是为古建承载的历史信息。现在我们该通过历史信息，走近古庙中敬祀的尧、舜、禹、汤四位圣贤了。正如前面所说，帝尧上承炎帝，用历法、节气推进了农耕，先祖不再像狩猎时那样东奔西颠，而是进入了安居乐业的时期。为了长久安居乐业，帝尧所在的唐部族将周边加筑了围墙，这个围墙便是国家的雏形。进而，帝尧敬授民时，各个部族都进化为国家，位居中心的唐国便成为"中国"，虽然这个"中国"还只是地理格局的称谓，却为我们国家准备了最好的名称。尧禅让帝位于虞舜，虞舜不仅光大了他的伟业，还开创了中华民族最早的孝道。大禹呢，在洪水泛滥时力挽狂澜，用三过家门而不入的辛劳，带领先民疏川导流，征服了洪水，众生复又安居乐业。接着，他划定九州，把部族式治理的国家形态带进最早的行政格局。简要评价尧、舜、禹的功绩，可用《尚书·尧典》里评价帝尧的一段话："克明俊德，以亲九族；九族既睦，平章百姓；百姓昭明，协和万邦；黎民于变时雍。"克明俊德，是加强自身修养；以亲九族，是教导好家人；平章百姓，百姓不是平民，而是当时的身边要员，及时评比表彰，督促他们担当使命，为民办事；这些人事事带头，继而和谐各个方国，天下民众都变得和谐美好了。如果把这个过程再做简化，不就是最早的修身、齐家、治国、平天下吗？探究他们修身、齐家、治国、平天下的原因，无外两个字——爱民。

爱民，也是这两个字，让汤王跻身四圣之列，与尧、舜、禹齐名享受祭祀。《吕氏春秋》有这样的记载，成汤伐桀胜利后，连续数年天下大旱。汤王十分焦急，这时，太史氏对他说，要用人祭祀上天。汤王想，为民祈雨，要有人当牺牲，身为人主，他应先行。于是，他斋戒数日，剪去头发，割断手指，充当牺牲。祈雨这日，他坐着素车，车上缠绕白茅，由白马拉车前往桑林中祭祀。汤王登上祭坛，以大事自责，均言己过。天上乌云翻卷，遮空而来。转眼间，四野暗乌，桑林如晚，瓢泼大雨从天而降。随即，林外千里，普降甘霖。远近的旱情解除了，百姓欢声雷动，从此尊敬汤王胜似神灵。

一座座古代建筑，构成尧庙、舜帝陵庙、大禹庙和汤帝庙，也构筑起从上古走来的家国情怀。

引领与惩戒

这个题目，是由三种庙宇催生出来的——文庙、武庙和城隍庙。这些庙宇生成很早，普及到全国各地县城是明朝时期，清朝推翻了明朝，却保留了往昔的祭祀场所和规制。文庙、武庙和城隍庙没有衰败，依然遍地生辉。

文庙，也称"孔庙""夫子庙""圣庙"和"文昌阁"，全称"文宣王庙"。文庙供奉和祭祀的是著名思想家、教育家孔子。孔子是一位理想主义者，是他把尧、舜、禹、汤实践的"修身、齐家、治国、平天下"，上升到了理论高度，抽拔出一个中心和一种方式。一个中心是仁者爱人，也就是我们今天所说的以人为本。一种方式是遵行礼仪，形成规范的社会秩序。他一生为之努力，履职碰了钉子，便周游列国，传播思想；周游碰了钉子，便设立杏坛教育弟子。他和所有的圣贤相同，活着的时候难以如愿以偿，死后却因先进思想而大放光芒。自从汉武帝"罢黜百家、独尊儒术"，孔子的地位日渐升高。孔子是山东人，却和我们山西有不解之缘。他周游列国不入晋国，不是看不起晋国，是缘于晋国世守尧风、隆礼重法，不必要他和弟子再多费口舌。孔庙首次出现在京城，据说就是山西大同，那时称作平城，是北魏太和十三年（489）敕令建造的。之后，各郡、县大力修庙祀孔，逐渐兴盛开来。

从我掌握的资料看，山西现存的文庙有176处。省城太原自不可少，早先建在府西街西段一带，规模颇为壮观。清光绪七年（1881）汾河决堤，洪水冲毁文庙。水退后，太原文士联名请愿重建。出任山西巡抚时日不长的张之洞，顺从民意，拍板重建。重建不是重修，他嫌原来的规模不大，亲自选址，确定在焚毁的崇善寺废墟上建造。巡抚主导，民间捐资，很快建起一座占地13000多平方米的文庙。文庙规制，全国一律，新庙也不例外，有棂星门、戟门、大成殿、泮池、石桥和明伦堂，主体建筑样样俱全。新旧比较，新庙比旧庙更为恢宏、庄重、婉雅、俊逸。现今，太原文庙为山西省民俗博物馆。

看保存完好的山西文庙，最好去平遥古城。平遥古城是世界文化遗产，名列中国四大古城。古城墙、日升昌、县级官衙、明清古街、华北第一镖局都保存完好，像是安放于山西大地的一颗明珠。平遥文庙坐落于城东南隅城隍庙街，始建于唐贞观初年，是中国现存最早的孔庙；庙中大成殿重建于金大定三年（1163），是中国孔庙中唯一的金代建筑；大殿内有孔子、"四配""十哲"及"七十二贤人"塑像，是中国规格最高、规模最大的孔庙塑像群。自然，这座文庙无愧于国保单位。

文庙太多，太好了，不能再沉醉于其中，赶紧抽身去观瞻武庙。武庙，即关帝庙。国人喜欢说文圣人、武圣人，山东、山西俩圣人。文圣人孔子出自山东，武圣人关羽出自山西。关羽以义勇著称，自从与刘备、张飞三结义，为打江山东征西讨，无敌于天下。唯一失败一次，却丢了守卫蜀国的门户荆州，还丢了自个的性命。关羽死后，刘备只发兵为他复仇，未加什么追封。到了后主刘禅，为了部下像关羽那样忠于自己，便追封他为壮缪侯。

好在，国人从不求全责备，善于发现关羽身上的闪光点。关羽曾经归顺曹操，为之斩颜良、诛文丑。曹操善待关羽，赐予财物无数，还封他为汉寿亭侯。可一旦闻知兄长刘备的下落，封金挂印，毅然离开曹营去追寻兄长。只是不知缘何，到了宋代，关羽官运亨通，连续受封。崇宁元年（1102）宋徽宗封他为忠惠公，由侯而公，提升一级。宣和五年（1123）再升一级，由公为王，成为忠勇武安王了。明代还嫌赏封不够，万历三十三年（1605）又加封其为三界伏魔大帝、神威远震天尊关圣帝君。被封为帝的关羽自然要供奉进庙里，这就有了遍及神州的关帝庙。

关帝庙的兴盛，远非文庙能比，据说全国就有30多万座，山西也有上万座。上万座之多，是因为原先村村都建关帝庙，如今留存的自然不会那样多，可是在乡村行走，遇见最多的还是关帝庙。规模最大、最美的，当属运城解州的关帝庙，因为这里是关羽的家乡。解州关帝庙是我国最高等级的武将祠庙，因为被封为伏魔大帝的缘故，这里的关帝庙具有皇家独享的宫阙，端门、雉门、午门、文经门、武纬门、东西华门、东西便门等门庑，无不与帝王门阙相类似。午门和崇宁殿前铺设浮雕蟠龙和流云的云路，且崇宁殿前竖立华表，颇具皇家威仪。庙门两侧建有内外两重高大宫墙，前沿墙上垛口罗列，犹如北京紫禁城的宫墙形制。就连钟鼓楼，也与故宫午门两侧的角楼不无相似。

巍巍武庙，煌煌文庙，犹如两座精神丰碑，让国人礼敬、拜祭，在礼敬、拜祭中浸染仁爱礼仪，浸染勇武信义。那城隍庙呢？如果说文庙、武庙是引领国人信仰崇高，践行崇高，那城隍庙正好相反，是在警示与惩戒那些违规行为。

城隍庙是祭祀城隍的庙宇。城隍是什么神？早先是城池的守护神。城，原是堆土筑起的高墙；隍，原指没有水的护城壕。城隍神是阴间的行政长官，掌管阴间一应事务。城隍身价陡升得益于朱元璋提携。相传朱元璋称帝前，曾经宿身城隍庙幸免于难。他一称帝，即颁旨封京都城隍为监察司显佑王，职位正一品，与朝廷的太师、太傅、太保这三公和左右丞相平级。真是时来运转，一步登天。明洪武三年（1370）规范了祭祀城隍的典章制度，封京都城隍为都城隍，别个只是府、州、县城隍。清代也有意思，除了不继承明代的国号、发型，其他照单全收，城隍典章制度依旧实行。

山西现存的城隍庙为数不少，不仅原先的府、州、县有，乡村也有。城里的典范是晋中榆次区东大街的城隍庙，规模不算大，布局却很好。经专家认定，为山西县级城隍庙之冠，肯定是国保精品。此庙于元至正二十二年（1362），由达鲁花赤主持建造。达鲁花赤是蒙古语，原意为"掌印者"，一种职官称谓。可见，蒙古族人主中原采取的方略是以其道治其身，继续用汉民信奉的城隍管束他们的思想。后来屡次修复，所幸没有改变原貌。城隍殿外观面宽五间，进深三间六椽，单檐九脊歇山顶。殿内为排架式结构，前后金柱上叠加三层斗拱，上面架梁，左右负栋，空间宽阔。虽是元代建筑，却携带着宋、金两代的体征。玄鉴楼与乐楼、戏台、影壁形成一个建筑整体。玄鉴楼面阔五间，进深两间，通高17米，为四重檐二层歇山顶楼阁式建筑。玄鉴楼背面为乐楼，与主楼梁柱相连接，面阔五间，进深一间，单檐歇山顶。

城隍庙的经典建筑应当数玄鉴楼。玄鉴楼的经典之处在于楼阁连体，两物合一。庙中有碑《增修榆次县城隍显佑伯祠记》，可以看出，明弘治十年（1497）曾于正殿以南、神道正中建造一阁，此阁名为玄鉴楼。明正德六年（1511），"欲报神惠，起楼于阁之北面，为作乐之所"。乐楼、阁楼本是两次所建，却天衣无缝，看上去乐楼像是玄鉴楼的出厦，而这出厦又不似一般的出厦，要宽，要阔，要经得住伶人戏子在上头演唱踢踏，当然体量要大。大了必然有臃肿之嫌，精巧恰在这里，玄鉴楼和乐楼既无裂隙，也不臃肿，巍然成体，恰到好处。站在楼前百看不厌，我先后观瞻过三次了，还想再看。看多了，城隍庙的楹联也记忆犹新。有这样一副：

地狱即在眼前，莫到犯了罪时方才醒悟；
明镜高悬台上，只要过得意去也肯慈悲。

还有这样一副：

站着，你背地做些什么？好大胆还来瞒我；
想下，俺这里轻饶哪个？快回头莫去害人。

这楹联就是城隍庙的主题——惩恶扬善。

看过城市里的经典城隍庙，该去乡村了。藏在乡村的这座城隍庙颇具传奇色彩，此庙在长治县南大掌村。奇怪，城隍庙一般建在县城以上的城市，南大掌村再大也是个村庄，为何要建座城隍庙？而且，这城隍庙还不是普通的城隍庙，是天下都城隍庙。所有的城隍，都要服从这位城隍管理，听从他的号令。这是为何？原先这位城隍出身低贱，只是一座破落小庙的山神。那日，一人慌慌张张闯进小庙，倒头就拜，请山神救命。山神看到后有追兵，此人眨眼工夫就有杀身之祸，顿生怜悯之心。待他钻进神龛背后，山神放出好多蜘蛛，匆忙吐丝，把庙门、庙内缠绕了个密实。追兵赶到一看，这蛛网完好还能有人入内？扬鞭催马向前追去，只留下漫天尘土。此人得救了，自然感恩山神。谁承想这人是刘秀，谁承想刘秀会登上帝位，谁承想登上帝位的刘秀还记得这位小山神。因而，小山神时来运转，成为天下都城隍，立时身价百倍。

南大掌村这城隍庙坐卧在高高的土垣上，垣下是个开阔的广场，要进山门需登近百级台阶，更衬托出庙宇雄伟无比，不乏天下都城隍的气魄。庙内献亭、正殿、钟楼、鼓楼、看楼、配殿和耳殿，座座古色古香，庄严肃穆。

冷热两尊神

观看山西古代建筑，有两座庙不能不去，一座是芮城县的永乐宫，另一座是蒲县的东岳庙。

芮城县的永乐宫名声很大，原先在黄河边上，1959年国家修建三门峡水库，水位上升会淹没宫院，于是整体搬迁至县城北郊的龙泉村附近。为此国家花费资金几百万，这在当时堪称巨资，传为文物保护的佳话。

永乐宫原名"大纯阳万寿宫"，为祭祀道教"八仙"之一吕洞宾而建。据说，吕洞宾的家乡就在芮城县。永乐宫于元定宗贵由二年（1247）动工修建，先建三清、纯阳、重阳三大殿，再建无极门，亦称"龙虎殿"。大殿建完才绘壁画，全部竣工已是元至正十八年（1358），工期长达110多年。几代工匠新老交替，前赴后继，用心血和汗水浇灌出了建筑精品，尤其是壁画，为千古一绝。

专家学者走进永乐宫，除了对壁画赞不绝口，还有颇多赞誉。一赞台基别致，就龙虎殿而言，殿前不建月台，仅有长形坡道。尤其是后坡道，自台明外沿向内收缩，使殿基平面呈现"凹"字形，可谓孤例。二赞月台，三清殿最为奇异。月台阔大，两侧各有一方垛台，上下分设坡道，需转折才能登台进殿，殿宇更见气势，此乃独创。三赞屋顶绝不雷同，龙虎殿和三清殿为单檐五脊庑殿顶，纯阳殿和重阳殿为单檐九脊歇山顶，以变求新。四赞斗拱新颖，有六铺作单抄双昂，有五铺作单抄单昂。五铺作单抄单昂的出现，告别宋、金时期的粗犷，传至明代更为精巧。五赞梁架考究，三清殿和纯阳殿等级较高，梁架有天花板遮盖，龙虎殿和重阳殿等级次之，梁架完全露明，体现尊卑有序……如果有人不知道什么是独具匠心，永乐宫就是最为形象的诠释。

为何吕洞宾能享有这样高规格的礼遇？回答是，行善度人所致。永乐宫的修建，固然和元代尊崇道教相关，也不排除吕洞宾广结善缘，深得民心。不然，"八仙"并非他一位，为何唯有他享受这般华贵的宫院。他得道后不只扩大教势，还游走民间，度化众生。有故事讲，一次吕洞宾化作卖油翁周游尘世，遇到一位善良的老妇人。别人买油，他给足给够，还请求再添点，只有这位老妇从不占便宜。他深受感动，来到老妇家中，瞅着院里有眼井，顺手撒了一把米，不一会儿，满院飘溢清香，井水变成了白酒。老妇靠经营白酒生意，光景日渐兴旺。过了一年，吕洞宾又来卖油，顺道转进老妇家里。可巧老妇不在，她儿子正给酒商装篓。吕洞宾上前问候，日子可好？年轻人笑着说："好是好，就是没有酒糟喂猪。"吕洞宾仰头大笑，笑毕开口："天高不算高，人心第一高。井水当酒卖，还嫌猪无糟。"他收回了井中的米粒，转身而去，酒井还原为水井。故事未必真实，传递出的信息是吕洞宾深得人心。

接下来去观瞻蒲县的东岳庙吧！东岳庙位于吕梁山南部，坐北朝南，气象磅礴。沿长虹磴道踏步而上，经土地祠、将军祠、御马亭、华佗庙，抵达山门。山门里面的凌霄殿、乐楼、看亭、献亭，簇拥着东岳行宫大殿。大殿后有地藏祠和十八层地狱，地狱的塑像栩栩如生，可以和丰都鬼城媲美。

东岳庙始建很早，却因地震屡次损坏，屡次修复。现存建筑除献亭柱础为金代遗物外，行宫大殿为元延祐五年（1318）重新修复，其余殿阁、楼、廊等多为明、清建筑。行宫大殿位居中央，面宽、进深各五间，廊檐下悬挂"东岳齐天"匾额，整体高大壮观。殿内神龛高抬，东岳泰山天齐仁圣大帝黄飞虎正襟危坐，双目凝视，神态庄重。神龛前有侍者二人，门外廊下侍立官员二位。威风凛凛，一副皇家气派，不愧是东岳大帝。每逢农历三月二十八为大帝诞辰，往昔富豪官吏争相前来，三日内香火腾烟，布施万千。

享受如此隆礼，到底东岳大帝黄飞虎有何等作为？查考史书，名不见经传，可见即便是有所作为也不会大，是小说《封神演义》拔高了他。在小说中，黄飞虎家族七世忠良，商朝时他身居高位，曾被封为镇国武成王。可惜生不逢时，遇上了商纣王这个昏君。昏君淫乱，连黄飞虎妻子也不放过。为保贞节，黄妻自杀身亡。黄飞虎身负仇恨反出五关，投奔周武王一起讨伐商纣王。每逢交战，冲锋在前，战死于渑池。周武王认为黄飞虎"威行天下，义重四方，施恩积德，人人敬仰，真忠良君子"。姜子牙封神时，特封黄飞虎为五岳之首、东岳泰山天齐仁圣大帝，总管人间吉凶祸福。

或许，就是总管人间吉凶祸福的缘故，东岳庙不只蒲县有，可以毫不夸张地说，神州大地随处可见。就我身边来看，王曲村有，不过三四里路的东羊村也有。城市、乡村，比比皆是。再看永乐宫，我留心不是一段时间了，却还没有看到第二处。为何同为道教之神，一位清冷，一位火热，内中可有什么奥妙？

奥妙一想可知，黄飞虎受热捧敬奉，不是缘于他总管人间吉凶祸福，尧、舜、禹这天官、地官、水官，比他总管人间吉凶祸福要早得多，也没有他红盛；不是缘于他是天齐仁圣大帝，他这大帝是虚无的，尧、舜、禹哪位不是大帝，而且都在三皇五帝的五帝当中，比他作为大得多，还是没有他红盛。黄飞虎的红盛，全维系在泰山。泰山是历代帝王封禅的山岳，这是黄飞虎颇受隆礼的根源。自秦始皇二十八年（前219）前往泰山封禅，之后多位皇帝效仿。封禅干什么？一个核心要点便是加官晋爵。后人对泰山膜拜为尊，多有这样的成分，多把黄飞虎视为加官晋爵的神灵。

东岳庙、永和宫，一热一冷，发人深思。

少男少女庙

真泽宫藏在太行山里的壶关县，走进其中确是一种少见的缘分。那是还没有微信的年头，原计划先到县城，问清方位再奔真泽宫而去。可没想途中一抬头看见土垣上有座庙，停车拾级上行，不承想正是要找的真泽宫。何以形容当时的心情？喜出望外，真是喜出望外。

登156级石阶，到达牌楼。牌楼由4根沙石柱支撑，斗拱层叠，承托冠戴。牌楼后为山门和两个侧门。探头一望，庙还很大。大山深处，寸土寸金，真泽宫占地十余亩，规模确实不小。山门上为乐楼，而且东、西两侧还有相挨相连的乐楼。跨入山门是真泽宫的主体建筑当阳院，当阳院的主体建筑是当阳殿。当阳殿建在一米高的青石台基上，面阔五间，进深六椽，单檐歇山顶。殿中有4根红色石柱，正面神龛雕塑着神像，神像竟是二位少女。我大吃一惊，为何少女会成为神仙？

元至元七年（1270）的一块碑石上记载，二位少女是壶关县任村人，家境贫寒。冬日家无隔宿之粮，靠采菜度日。四野寒秃，无菜可挖，姐妹痛哭，眼泪入土长出苦苣。夏日又去田间捡麦穗，农人收获得极净，未能满篮，眼看天色渐暗，姐妹俩仍埋头搜捡。此时，忽然云霞翻卷，落地成龙，姐妹二人乘龙飞去。

读到此处，犹如听了一个美妙的传说。可是这乘龙而去的穷苦姐妹为啥又能成为神仙？继续观看碑石，得知时光到了崇宁年间，宋军与西夏兵马在边塞大战，不幸被围困住了。眼看粮草殆尽，难以为继，时刻面临着全军覆没的危机。将领焦虑万分，夜难成眠，偶一打盹，忽见两位少女前来。问有何事？答曰前来施救。两个女孩能有什么能耐，将领压根没往心里去。哪知清晨起床，帐外添了两口大瓮，一口盛着饭，一口装满草。无论是粮还是草，皆取之不尽。宋军大喜，精神陡振，上阵杀敌，士气高涨。不用说，此次战役大获全胜。缘于此，将领上奏赏封两个女子。宋徽宗赵佶出手大方，一封就封了两位神仙真人，姐姐号曰冲惠，妹妹号曰冲淑，赐庙额为"真泽"。这就是真泽宫的来历。

当阳殿后是过亭院，中间为万寿亭，两边是无梁旋顶、相互对峙的钟楼与鼓楼。再后为寝宫，俗称"子孙殿"。子孙殿两侧有插花楼和簪花楼，东、西有奶奶宫、婴儿宫。后院还有圣公、圣母殿，供奉二位真人父母像，两侧配有梳妆楼、观景楼。在宫内观览，转脸看见一通碑，再转脸又见一通碑，现存宋、元、明、清碑碣38通，历代修葺、增建宫院的概况和二仙神话皆镌刻在上。

此处的真泽宫，让我想起家乡尧都区金殿镇的康泽王庙。庙中供奉的康泽王也是个传说人物，说的是西晋永嘉二年（308），刘渊在此地建都，捉民夫修筑城墙。秋雨连绵，城墙难以筑就，只得张贴皇榜，招募能者。皇榜贴出，一连数日无人问津。好不容易才盼得一人揭榜，竟然是个少年。别看只是个少年，据说本领高超。少年声称可一人担当重任，还要7天筑成。刘渊不信，少年便立下军令状，迟延工期任凭处置。然而，一连数日毫无动静。直到限期前一天晚上，才有了响动。那夜子时，狂风大作，飞沙走石，闹腾了整整一个时辰。风息沙落，四野静寂，再看时竟围起一座高巍的城墙。

这当然是件怪事。众人奇怪，刘渊也奇怪。因而，将士领命前去捉拿少年。少年闻讯出逃，逃到姑射山前，山岭高耸，无路可走。眼看追兵赶上前来，这可如何是好？匆忙间，少年扑倒在地，变成一条银蛇，朝山脚的石缝钻去。将士赶到，拔剑即砍，可惜晚了，只斩断尺余长的尾巴。那蛇尾流血不止，殷殷鲜血染红了山前。流着，流着，血流变为清流，成了乡民溉泽谷禾的溪水。后人以为那少年是真龙，因而称之龙子。宋熙宁八年（1075），这位龙子被封为泽民侯。到了宋崇宁五年（1106），又被封为灵济公。13年后，龙子又高升一级，被封为康泽王。于是，便有了这座面向一汪清流的康泽王庙。

康泽王庙初建于宋代，后来屡遭毁坏，屡经修复。残破的庙院和殿堂，屡次更新已看不到原样，不过，体量、外貌仍能说明此庙身世古老，仍能说明此庙承载的信仰。

写下"信仰"二字，我犹豫，我恍惚，似乎这个词语与康泽王和冲惠、冲淑搭配不太相宜。不，不是不太相宜，是根本不宜。与先祖曾经信仰的尧、舜、禹、汤相比，实乃天壤之别。少女作为何在？少男作为何在？皆在神话传说。

那么，是谁封二位少女为真人神仙？又是谁封少年为康泽王？宋徽宗，都是宋徽宗。我还注意到，翼城县有座乔泽神庙，也是宋徽宗所封的神仙。他可真是缔造神仙的大师，偏偏就是这样一位封神大师，竟弄得国破山河碎，被金兵强掳到寒冷的北国瑟瑟度日。

脊檐封顶

　　主体部分架构完毕，标志着盖厦造屋即将告竣。即将告竣，便不是告竣，还有个重要的工程，即脊檐封顶。脊檐封顶是建筑的冠戴，虽然工程量比主体要小，可作用大得多。其决定屋宇是否漏雨，还决定屋宇是否美观。写书则不然，到此仅仅只起个收束作用，尽管如此也不可忽略，那就以脊檐封顶代替尾声和结语吧！

古建如镜鉴古今

不同，大为不同，按照预定的框架写完了山西古建筑的主体部分，心情与先前大为不同。先前每逢一部书稿的主体部分草稿初成，总会如释重负，不胜轻松。这次写完了不仅没有如释重负，还加重了心理负担。负担在于这些篇章要全面写照山西古建筑只能是挂一漏万，毫无疑问的挂一漏万。可是，再往下写，再写这么多文字，或者再多，也难以写出山西古建筑的博大、浩瀚与精湛。何况这是一套丛书，一次合唱，合唱有合唱的规矩，个体之声必须符合群体旋律。只能忍痛割爱，再发一点感慨做结。

面对古建正衣冠

"洋装虽然穿在身，我心依然是中国心，我的祖先早已把我的一切烙上中国印。"每每为这歌曲叫好，为了那颗中国心，为了身心的中国印。

20世纪50年代，古城尧都出现了以"交际处"命名的第一座西式楼房，凡路过者无不投来惊喜的目光。如今在这座城市往来，犹如穿行在楼房的密林中，再宽的街道日日都在变窄，再高的个头天天都在变矮。面对此情此景心中生出的感慨，犹如1985年我站在香港九龙的楼顶俯瞰，街如渠，人如蚁。忽然发现，真真是洋装穿在身了，城市，至少是尧都古城已看不见往昔的面貌。随着棚户区的改造，残留的少数瓦房和四合院可能也将不复存在。不是我杞人忧天，即使如今乡村楼房有限，可是已没人再盖瓦房，都是现浇顶的平房。古代建筑像一位迟暮的老人，已到了风烛残年。倘要是不再收留好，我们的后人可能会以为他们的先辈，就是在这楼房的密林里出生、长大。

　　钢筋水泥浇筑的楼房成为如今建筑的时尚，时尚就会流行，流行犹如洪水。在洪流中攀住一棵古树的枝杈，回望被荡涤过的原野，我看到的是凉爽的瓦房。先前的夏天也热，若不热如何会有"赤日炎炎似火烧"的诗句，但是，那时消夏的用具就是一把蒲扇。你可能认为是因为那时没有电风扇，更没有空调。是没有，也不必要有。那时的墙体是复合层，外面砌青砖，里面垒胡墼，中间再填些破砖瓦碎片，酷烈的太阳根本晒不透墙体。墙厚，晒不透，屋顶还有隔热层，同样晒不透。这个隔热层我们叫作"棚"，实际是木头垫起的二层小阁楼。这小阁楼并非单纯隔热，还有一个用处，如果秋雨连绵，屋里潮湿，但小阁楼却不受影响。所以，小阁楼又是存放粮食的最佳库房。返回来再说抵御炎热，高屋、厚墙消解了太阳的热量，三伏天在屋里睡觉也不会热到浑身流汗。入夜，一家人多是在院子里铺一张蒲席吃饭。饭后说说话，歇会儿凉，回屋就可进入甜蜜的梦乡。

再回望这瓦房，相对于窑洞已是先进了。家乡人对于窑洞的说法是，冬暖夏凉。最早的窑洞都是从悬崖边挖土掏成的，人居其中，地气环绕，阳光撒下的热浪根本无奈于清凉的地气，炎夏在屋里睡觉还离不开棉被。你可以认定祖先的落后，却不能不赞叹他们很会借助自然条件。

难道这不是生态文明？

发展就是前进，前进就是告别，告别不是离别，离别还要回去，告别是义无反顾地前行，哪还有再回去的希望。

可是，在空调的彻夜轰鸣中入睡，睡醒了还觉得身上并没有消解应该摆脱的困乏，穿着洋装的人不无惶惑，惶惑着寻求新的前景——生态文明。

比照古建明得失

李家大院应该算一个典范，一个洋装穿在身，依然是中国心的典范。大院的门楼外形一改传统面貌，变得高大尖削、直冲青天，呈现出16世纪欧洲哥特式建筑的体式。别看这体貌像是洋人的个头，外在的服饰却是本土特色。砖雕的善字影壁是传统的，砖雕的图案花纹也是传统的，这还只是装饰。墙体的厚度是传统的，屋顶的阁楼是传统的，内在的舒适是传统造就的，这不就是立体的中西合璧、文化融合吗？李家传人李子用留学英国，把西式建筑风貌带回了家乡，却没有颠覆传统，而是将之融入了传统。

撰写此书时，正值酷伏。酷伏少不了雷电轰鸣，暴雨如注。城市内涝的新闻，时时从荧屏上耳闻目睹。初时纳闷，为何内涝频频发生，在街头行走观看忽然明白了。让我顿悟的是路侧的草坪花坛，无一不高出街道，高出路面。天阴降雨，落地即流，流入街道，街道顿时变作渠道。渠道的雨水迅速向低洼处奔流，立交桥下排泄不及，很快积水成潭，来往车辆行人，淹你没商量。这让我想起乔家大院里的水池、常家大院的湖泊，原来这不仅仅是为了观赏，为了好看，还有蓄水的作用。将如注的暴雨收存下来，缓缓输出，以免短时横溢，造成灾害，这是何等高明的远见！我没听说过那时有海绵城市的概念，却觉得这犹如海绵城市的早期实践。

地震，是当今人类仍无法预测、无法抵御的自然灾害。预测这一难题古人和我们一样，无法解决。抵御，或者说减少损害，古人未必没有今人做得好。用时下的话说，防震减灾是一个重要命题。对这个命题，古人给出的答案得分未必低于现代时尚的我们。应县木塔是明证，代县圆果寺阿育王塔也是明证，7级地震山崩地裂，两座建筑随之摇摆，摇摇摆摆，好不惊险，可摇摆过后仍然屹立。五台山南禅寺更是可贵，历经8次地震，仍巍然坐落。如果说，应县木塔与南禅寺是木质结构，本身具有韧性，榫卯连接，斗拱搭承，化解了震动引发的风险。那么，代县圆果寺阿育王塔通体砖砌，照样在地震之后保持原貌，又该如何解释？古人采用的手法真真值得研究揭秘。毫无疑义，这些古建的抗震效果，早就为后世子孙做出了示范。

看看在地震中变为废墟的那些村落，坍塌在地的那些楼房，探究古代建筑的意义进一步得以凸显。比照古建明得失，是的，应该如此。

观鉴古建知兴替

写下这个标题，我要承接庙宇一章未尽的意蕴。

回味庙宇中供奉的神灵，早先无论是炎帝，是帝尧，是虞舜，还是大禹，都是对当时的自然环境、社会发展具有引导作用的头领，是他们带领先民认识自然、适应自然、改造自然，推动了中华文明大跨越、大发展。到了汤王，虽然他对顺应天地没有什么功绩，好在他仁爱子民，尚有牺牲自我、普救众生的诚意，所以受到了百姓的尊奉。仁爱精神得以光大，先祖将孔子作为至圣先师供奉在庙里，这是稳固先前认知的一个很高平台。

可惜，先祖的信仰没能在这个平台站定。更为儿戏的是，将少女封为真泽二仙、少男封为康泽王神供奉进庙宇。真泽神也好，康泽王也好，神在哪里？神在玄妙，神在虚幻。这种假想虚构，用来进行文学艺术创作是一条正路，而用来视作思想的楷模，那可就误入歧途了。循着这条路径，人们不需要再面对现实，正视自然，而是妄自尊大、想入非非，前进的脚步不错乱才怪呢！

在搜索栏键入"神灵虚化"，页面上出现最多的是宋代，而且是宋徽宗。将少女封为真泽神的是宋徽宗，将少男封为康泽王的还是宋徽宗。我锁定宋徽宗一看，他是一位造诣颇深的书画家。他的画技高超，书艺更妙，自成一体的瘦金体，至今为人称道。看来，他的思维联想丰富、奇幻无穷。用这样的方式涂染书画，艺术天地别开生面；用这样的方式治国安民，江山社稷必然风雨飘摇、倾倒废毁。尽管在金人破城前，宋徽宗慌忙将帝位让给了儿子，然而，亡国的罪责他仍难以逃脱。

以史为鉴知兴替，可厚重的史书典籍，要翻出个子丑寅卯不是易事，我们不妨尝试走进古建筑。山西古代建筑是一部立体史记，而且是中华文明史的一部经典史鉴，提纲挈领，要言不烦，既展示了历史，又揭示了哲理。

2021年9月11日　尘泥村初稿收尾

2021年11月16日　尘泥村修订告竣

跋

　　《立体史记》属于"走读山西"系列丛书的其中一册。修订完稿抬起头，我居然有种恍恍惚惚的感觉。这感觉并不奇怪，若是回到写作起步的时段，怎么也不会有敢写山西古代建筑的奢望。偏偏一步步走来，一天天写来，就写成了这本书。

　　年初，省作协常艳芳女士传达杜学文主席的想法，要我写作山西古代建筑一书，我先是一怔，方才应允。一怔，是我对古代建筑确属外行。虽然，在担任文物外事局局长主持修复尧庙期间，跟着专家学者耳濡目染过几日，然而，所识所记都是外在的皮毛而已，真要写作，不花费很大力气不行。应允，是猛然顿悟，一次提升自我的机遇不期而至，岂能辜负！当然，我也不是没有惰性，得知选题中有山西古代戏台，还闪出私念，是否可以调整一下？因为早在2004年我写过相关题材的作品，如此自是轻车熟路。好在只一忽闪，这个念头就如流星滑落。可见，不用扬鞭自奋蹄，是对超凡脱俗的智者而言，像我这般凡夫俗子，是需要扬鞭才奋蹄的。鞭策，对我极为适用。

剔除杂念后，我把时间和精力都投放在此书上。有一段日子，出去是看地上的古建筑，回家是读书上的古建筑，闭目是想头脑里的古建筑，古建筑不光霸占了我的白昼，甚至在梦中也时常出现它的身影。是呀，山西古建筑太多了，数不胜数，多得眼花缭乱，如何归拢，从何切入？纷杂的问题搅得我寝食难安。直到遴选出居所、祠堂、长城、关隘、佛寺、石窟、古塔、楼阁、庙宇等门类，方才心绪平定。平定心绪，就好谋篇布局了。如果说，这本书和我写过的书有何不同，最主要的是不同在体例结构。我一直追求文章尽量贴近客体对象，写出对象的质地，这次也不例外。既然是写古代建筑，那就模仿建筑体式，以夯筑台基、架构主体、脊檐封顶三部分来设计框架。虽然主体部分要比台基与脊檐部分大得多，看上去并不平衡，却也能以量体裁衣自圆其说。而且，主体部分各个门类分为一个独立章节，率意行文，独立成为一篇万言随笔。由此旨意出发，我锁定坐落在表里山河间，最具代表性的古建筑，扫描体貌特征，深度揭示其承载的历史文化基因。我不敢妄言这些篇章写出了多少思想容量、丰富内涵，只能说，我是竭尽全力朝这方面前进。至于做得如何，当然应由读者来评判。

就要交稿了，我衷心感谢省文化和旅游厅、省作家协会策划这套丛书，挖掘历史文化，提升山西旅游品位；衷心感谢杜学文主席的信赖厚爱，给了我一个拓展写作领域的机会；还要衷心感谢辛勤联络的常艳芳女士。

该说的话似乎说完了，突然想起，这是一本穿插进来的图书。今年我的写作重点本来是临汾红丝带学校，可是由于此书按下了暂停键。明天，当新一轮旭日升起的时候，我将再次启程，采访写作另一本书。

2021年11月19日尘泥村灯下

参考文献

［1］柴泽俊. 柴泽俊古建筑文集[M]. 北京: 文物出版社, 1999.

［2］柳宗元. 柳河东全集[M]. 北京: 燕山出版社, 1996.

［3］梁思成. 中国建筑史[M]. 天津: 百花文艺出版社, 2005.

［4］张耿光. 庄子全译[M]. 贵阳: 贵州人民出版社, 1993.

［5］山海经[M]. 王海燕, 译. 北京: 中央编译局, 2009.

［6］郦道元. 水经注[M]. 北京: 中华书局, 1990.

［7］司马迁. 史记[M]. 长沙: 岳麓书社, 1988.

［8］二十四史[M]. 长春: 吉林摄影出版社, 2007.

［9］杨家将演义[M]. 北京: 华文出版社, 2019.

［10］李金山. 司马光[M]. 太原: 北岳文艺出版社, 2021.

［11］马甫平, 马雨晴. 陈廷敬[M]. 太原: 北岳文艺出版社, 2021.

［12］徐永清. 长城简史[M]. 北京: 商务印书馆, 2021.

［13］袁愈荌. 诗经全译[M]. 贵阳: 贵州人民出版社, 1993.

［14］资治通鉴[M]. 北京: 改革出版社, 1992.

［15］赵晔. 吴越春秋[M]. 长春: 时代文艺出版社, 2008.

［16］王轩, 杨笃. 山西通志[M]. 太原: 三晋出版社, 2015.

［17］许仲琳. 封神演义[M]. 北京: 人民文学出版社, 1997.

图书在版编目（CIP）数据

立体史记 / 乔忠延著.—太原：山西人民出版社，
2023.4（2023.7重印）
（"走读山西"系列丛书 / 王爱琴，杜学文主编）
ISBN 978-7-203-12477-1

Ⅰ.①立… Ⅱ.①乔… Ⅲ.①古建筑—介绍—山西
Ⅳ.①K928.71

中国版本图书馆CIP数据核字（2022）第213465号

立体史记

著　　者：乔忠延
责任编辑：赵晓丽
复　　审：刘小玲
终　　审：武　静
特约编辑：王　姝　　吕轶芳　　常艳芳
装帧设计：张镤尹

出 版 者：山西出版传媒集团·山西人民出版社
地　　址：太原市建设南路21号
邮　　编：030012
发行营销：0351-4922220　4955996　4956039　4922127（传真）
天猫官网：https://sxrmcbs.tmall.com　电话：0351-4922159
E - m a i l：sxskcb@163.com　发行部
　　　　　　sxskcb@126.com　总编室
网　　址：www.sxskcb.com

经 销 者：山西出版传媒集团·山西人民出版社
承 印 厂：山西基因包装印刷科技股份有限公司

开　　本：890mm×1240mm　1/32
印　　张：7.25
字　　数：170千字
版　　次：2023年4月　第1版
印　　次：2023年7月　第2次印刷
书　　号：ISBN 978-7-203-12477-1
定　　价：58.00元